SELLING
DANGEROUSLY

埃尔默·惠勒销售课程⑤

订单险中求

[美] 埃尔默·惠勒 著　董舒琪 译

哈尔滨出版社
HARBIN PUBLISHING HOUSE

图书在版编目（CIP）数据

订单险中求 / (美) 埃尔默·惠勒 (Elmer Wheeler) 著；董舒琪译. —哈尔滨：哈尔滨出版社，2019.2

（埃尔默·惠勒销售课程）

ISBN 978-7-5484-4371-1

I. ①订… II. ①埃… ②董… III. ①销售－方法 IV. ①F713.3

中国版本图书馆CIP数据核字（2018）第256690号

书　　名：订单险中求
DINGDAN XIAN ZHONG QIU

作　　者：[美] 埃尔默·惠勒　著　　董舒琪　译
责任编辑：陈春林　韩金华
责任审校：李　战
版式设计：张文艺
封面设计：申海峰

出版发行：哈尔滨出版社 (Harbin Publishing House）
社　　址：哈尔滨市松北区世坤路738号9号楼　　**邮编：**150028
经　　销：全国新华书店
印　　刷：三河市兴达印务有限公司
网　　址：www.hrbcbs.com　　www.mifengniao.com
E-mail：hrbcbs@yeah.net
编辑版权热线：（0451）87900271　87900272
销售热线：（0451）87900202　87900203
邮购热线：4006900345　（0451）87900256

开　　本：880mm × 1230mm　1/32　**印张：**6　**字数：**96千字
版　　次：2019 年 2月第 1 版
印　　次：2019 年 2月第 1 次印刷
书　　号：ISBN 978-7-5484-4371-1
定　　价：39.80元

前言

你敢不敢在销售中剑走偏锋

本书不适合业余销售人员阅读，因为书中这套方法对经验不足的人来说过于激进。本书是写给那些确实认同冒险销售理念的读者。你能做到吗？

许多销售人员做不到冒险销售，因为他们实在没这个胆略。他们在应对一般的潜在客户时，往往能做到得心应手。这些客户会耐心地听他们介绍产品的基本情况、亮点以及优势。

可一旦遇上棘手的客户，这些销售人员往往就会束手无策，信心受到巨大打击，懊恼不已。这本书就是要教你如何搞定那些棘手的客户：如何揣摩他们的心态；如何对他们进行分析和评估；最后在别人都无计可施的情况下，如何一举搞定他们。与此同时，你也因此信心大增，让人刮目相看，还能在这些令别人望而却步的秘密金矿中大赚一笔。

什么是销售胆略

销售胆略就是敢于不按套路出牌，不走寻常路，出其不意地扭转销售困局。

销售胆略会让盛气凌人的经销商信心受挫，让其他客户目瞪口呆。这是在展厅、采购中心或住宅门前让胆小的客户下单的好法子，不然他们总是顾虑丈夫、妻子、合作伙伴、工作等方面的因素而不敢出手。

销售胆略就是销售时的演技。在这样的剧本里，你要压制潜在客户的气势，让那些自以为什么都懂的客户最后对你言听计从。

客户惯于虚张声势，吓退了无数销售人员，但销售胆略却能化解掉他们的声势。

销售胆略就是要有胆量来对付“过度敏感的客户”。

对业余销售人员并不适用

冒险销售是真正的高端销售技巧，不会出现在其他的“销售基础”类书籍中。

这不是为销售菜鸟准备的技巧，对业余或经验不足的销售人员也不适用。讲授基础的销售技巧的好书有很多[①]。冒险销售对他们来说难以掌控。

冒险销售是一种现代销售手段，只适用于销售老手。他们可用这一手段来搞定难对付的客户。

只要运用得当，这种手段就可以帮助销售人员绝处逢生。否则，他们可能会被直接拒绝或一再敷衍，最终一无所获。

运用这种手段，他们赚到了用别的办法赚不到的钱，从而赢得众人仰慕：旁人皆拿不下的订单，唯独他们能收入囊中。

冒险销售就是要在强硬对手的地盘上——绝地反击！

何为冒险销售

冒险销售就是无计可施、山穷水尽之时的放手一搏，当退无可退之时，就可以打破常规，尝试做一次冒险销售。

这是销售高手的最新绝招儿，当再没什么可输的时候，冒险销售能让他们实现逆袭。

其实这一点儿也不危险。尽管这种绝招儿被称作冒险销售，但并不危险。

① 埃尔默著有10本这样的书。

一字之差，大有不同。危险销售就像弯道超车，是一种愚蠢的做法。

然而冒险销售并不危险，而是一种成熟的销售策略。

“要么赚上一笔，要么一无所获。”你无须额外付出什么，而一旦成功，却能使收益翻倍。

因此，销售人员只有在将要被淘汰出局时，或是潜在客户变得尖酸、挑衅、无礼时，才能进行冒险销售。

冒险销售只要运用得当，就没什么危险。它需要销售人员在紧要关头突然变换节奏。就像一只被狗追着的猫突然停下，转身去驱赶那只狗，狗反倒落荒而逃了。

通过本书，你将学会如何把握将常规销售转换成冒险销售的时机；你将学会辨别潜在客户何时开始“扯皮”，如“我得问问合伙人”“以后会买的”“下次再说吧”等典型的说辞，无论他们表现得有多真诚；你将学会区分哪些是实话，哪些是敷衍。

冒险销售的方法和时机

一旦学会辨别真诚与否，你就能明白专家如何处理这类情况。

针对那些缺乏诚意，或只是惧怕上司、妻子和害怕丢掉工作的客户，这里会提供给你一套行之有效的方法来应对。

你要能判断自己应该使用比较温和的“逆向思维销售”或“曲线销售”，抑或更为激进的“冒险销售”：把握客户拎包走人的时机可是门艺术，还得不失时机地补上一句“我估计你也做不了主”。

你要把握心理时机，巧妙地让潜在客户感到困惑、惊奇、害怕、烦恼，这样你才能控制住局面。

冒险销售有趣极了，但你别忘了它的目的。

冒险销售的精髓在于刺激自己的内心，给乏味的销售生涯加点儿料，当然还能赚更多的钱。

如果你有这种胆略，或者你只是想学会这种激动人心的销售攻坚新方法（这可是进阶销售课程），那么这本书就是为你而作的。

嗞嗞先生

目录

CONTENTS

第一部分

推销员的逆袭

第二部分

巧施障眼法

第三部分

妙用激将法

第四部分

进攻是最好的防御

第一部分

推销员的逆袭

第一章

旧瓶装新酒

冒险销售是传统强制推销的温和变体，需要对人际沟通和情绪反应有敏锐的理解，还需要出其不意地刺激潜在客户，最终让你的产品或服务对其产生吸引力。

一天，一位黑人老牧师在布道结束之后，让大家为宗教事务捐些钱。

收钱的盘子在人群中被传递了一圈儿，他看了看收上来的钱，意识到以这种简单直接的方式向大家募捐收效甚微，莫不如用一下冒险销售的策略。

他让执事再传递一次盘子，这一次他加了一句话：“我不希望听到任何钱币落入盘中的声音。”

这一次，他得到的捐款十分可观，因为都是纸币！

抓狂的火车小贩

约翰·埃哈德给我讲了一个故事：一天，他正搭乘快车从阿尔伯克基前往洛杉矶，车上有个卖无花果的小贩。“香甜又健康的新鲜无花果喽！”他叫卖着，却无人理会。

“你就说这是树上结的糖果，看看会怎样。”

小贩开始只是笑笑，但这么长时间没生意，他感到非常抓狂，于是大声嚷道：“树上结的糖果喽！”果然大卖，他由怒转喜，无花果变成了钱。

遮阳篷推销员

一个遮阳篷推销员刚卖出一件廉价的铝质遮阳篷，将订单和支票都签好了，已经装进衣袋。但他为了做一笔大单决定来一次冒险销售，于是说道：“您知道如何保养铝制品吗？”

客户一脸茫然，推销员说：“铝制品总会因空气和环境而变得面目全非，除非您一年用钢丝球擦上四五次。”

客户大吃一惊，没想到保养会这么麻烦。推销员这么说其实是为了向他兜售更贵的那款。“这一款经过处理，不受天气影响，不需要您用钢丝球来保养。”

这就是冒险销售，因为客户可能会取消低价遮阳篷的订单。但是据统计，此时60%的客户会将订单升级至更昂贵的遮阳篷。

一看便知，这就是刚好适合进行冒险销售的时机。

一个非常极端的案例

一个图书推销员要去拜访客户、推销图书，但他只有一次机会，所以他打算采取比常人更冒险的做法。

你不一定能用得上如此极端的销售方法，却也不妨看看他是怎么做的。他争分夺秒地挨家挨户去推销他的书，却总是被冷漠地拒绝。此时，他又一筹莫展地站在一户人家的门口。

绝望之际，他决定奋力一搏，说：“算了，反正你也读不懂这本书！”或者他也可以借用本杰明·富兰克林的方法：“说得不对还请见谅，但我感觉这本书对您而言太艰深了，不是吗？”

成了！客户大多会愤愤地说：“你这话什么意思！把书

放下吧，年轻人！”

反正已再无可失，这个推销员发现只要时机恰当，这种颠覆性的销售台词在特定的对象身上就会起作用。至于如何抓住恰当的时机，下文会详述。

稍稳妥些的办法

本杰明·富兰克林也常用冒险销售的策略，不过他的销售方式偏温和一些。为了达到目的，他常常会这么说：“我认为我们该这么做；我认为这是正确的方法。但是我也可能想错了，您觉得呢？”

“您觉得呢？”这句话就是他对逆向思维的运用，总能让他人赞同他的想法。他承认自己可能出错，这也是一种冒险销售，因为他人也可能会顺势说他错了；但本杰明·富兰克林运用这种逆向思维时，总能奏效。

车蜡推销员的冒险销售

一个车蜡推销员在服务站遭拒后，还想尝试努力挽回。这时，他人都被推出了门外，突然说了一句：“看来您是不想听到收银机响个不停啊！”

服务站老板一般都会追问：“你这话什么意思？什么叫我不想听到收银机响个不停？”推销员就会说：“那您为什么让我带着这款车蜡无功而返？这款车蜡销售火爆，能让您的收银机像周日教堂的钟声一样响个不停。”或者说：“我还以为您想赚钱呢，要是您没这个意愿，我就走了。”又或者说：“人家都说您是个精明的买卖人，但我想我还是走吧。”

在推销员眼看就要失败，也没机会再次上门的情况下，冒险销售是个稳赚不赔的好法子。

何为冒险销售

冒险销售并不是以身涉险，而是尝试一种较为激进的销售策略，从而让没精打采、心不在焉的客户在听了你的话之后快速做出决断。

在这种逆向思维的销售策略中，你可以告诉客户：“如果您觉得这件产品的价格超出了您的承受范围，我这儿还有便宜些的产品，也能满足您的需求。”

谁想要便宜货？谁买不起最好的？

销售人员说：“我肯定您受不了长途旅行。”潜在的客户则会回答：“哦，我们可以忍受长途旅行。”

速成技巧

“不感兴趣”是许多人拒绝推销员时的惯用语，波士顿的阿兰·拉德克利夫却会如此回应：“没错，我知道您没兴趣，但那是因为我还没来得及说出能吸引您的那部分呢。”

或者说：“大多数人起初都不感兴趣，但等他们听了我的故事……”

或者说：“好吧，我赌1美元，保证您听完我的提议后会感兴趣的。”

或者他可能会将客户一军，这句话能让客户一下子不知所措，比如：“您不会快要破产了吧？”客户肯定怒不可遏：“你说我快破产了是什么意思？”推销员就会说：“不采购就没法出售。一旦停止出售，那离破产也就不远了。”

鲍勃·沃茨则经常用这个方法：“很抱歉，我一开始没说清楚。如果我的陈述很精彩，您肯定想听听我的销售课。所以我回来了，要再说一遍。”

“你是卖什么的？”也是推销员经常听到的问题。

Autopoint公司的前主席朱尔斯·莱德勒就会回答："我今天出售给您的是3000位新客户。"

"我现在很忙"也是摆脱推销员的惯用台词。当克莱德·菲利普受到这种冷遇时，他会回答："没错，您现在是很忙，但如果我的计划大范围推广的话，6个月后您就没什么可忙的了。"

对你并不危险

冒险销售并不危险，其危险程度不会超过用常规的销售办法（告诉客户买两件单价比一件低）让客户多买一个箱子。

冒险销售不是什么新招数，却在如今的销售训练课程中常教常新，因为它一旦奏效，不仅激动人心，还效果非凡。

"您是想让我们现在给您粉刷呢，还是想等到木板表面凹凸不平的时候？"这就是一种冒险销售，方法是让客户从好坏两种方案中任选其一。

当牙医（谁能想到牙医也敢这样推销）对你说"我是现在给你补牙呢，还是等你疼到不行时再说"，用的也是冒险销售的策略。

医生在说“我是该帮你安排这周的手术呢，还是等某天晚上你的急救电话呢”时，甚至没有意识到自己在进行冒险销售。

理查德·尼克松的冒险销售

美国特勤局和国务院一致认为这是一次冒险销售，但副总统本人却告诉我：“这只是卖个亮点。”

尼克松访问南美地区时，按要求应在每个机场下飞机时挥一挥手。此外连他走路、站立、上车的姿势也被一一做了要求。他告诉我他照例做了几天。之后有一天他让车停在一个校园里，他和夫人下车去看看学校里的孩子。拉美地区的报纸立即开始报道和解读，发布了很多照片和评论。结果正是如此，副总统夫妇很好地展现了亮点，博得了当地人的好感。

因此，笔者作为国家旅行推销员协会主席，曾受命向尼克松副总统颁发“美国第一亲善推销员”奖。

“这个称号我夫人才当之无愧。”尼克松副总统接过奖牌时说。

冒险销售是有益的

冒险销售当然是有益的。

我们假设牙医和医生用一种温和的方式劝说患者接受必要的治疗，但是患者并不采纳。

由于缺少牙医的“销售推动”，患者掉了一颗牙，或是患者因阑尾炎发作而丧命。

所以你不得不承认冒险销售往往是种有益的销售策略。

如果保险推销员指出发生车祸的可能正是你的车，那么他就是在做冒险销售。这种方法与常规的销售技巧大相径庭，却值得每个人学习和掌握，因为它更有力。

每个人，比如妻子、儿女都可以时不时用用这个法子，实际上很多人已经在用了。威尔伯对爸爸说“我能和伙伴们一起去看马戏团表演吗，还是你希望我一个人去？”时，用的就是冒险销售的方法。母亲对父亲说“你是想洗碗呢，还是想哄孩子们睡觉呢？”时，也有异曲同工之妙。

冒险销售又称“逆向思维销售”，但冒险销售的花样更多，更有趣，更能让销售人员斗志昂扬。

下面我们就来看看如何进行冒险销售，何时该进行冒险销售，再深入了解一下这一历久弥新的销售术吧。

第二章

何为冒险销售

冒险销售即在销售陷入困境时直接大胆出击，以扭转不利局面。在看似即将无功而返时，销售人员使出撒手锏，反败为胜。

冒险销售如同在其他股票都被套牢之后，投资者买入易波动的股票，来博上一把。我们举个例子。

潜在客户摆出一副傲慢无礼的样子，对推销员颐指气使，让他浑身不自在。只见潜在客户往椅背上一靠，抽起一支大雪茄，并翻弄着信函，时不时还向秘书吩咐几句，粗暴地打断推销员的话。这派头像极了电视上普鲁士将军盘问敌方间谍的情形。

此时推销员应做何反应呢?

他做了冒险销售

这名推销员先尝试了各种常规的“普适的”销售技巧，这在任何知名商校或培训中心都能学到：构思好开场白，用演示辅助，甚至还让客户跟着他有样学样地摆弄样品。

他将参考图片在客户桌上摊开，想遮住那些让人分心的信件，但依然不奏效。这个客户毫不客气，对推销员关于其公司空调系统的规划没有半点兴趣。此时推销员也索性破罐子破摔，唰地收起道具，拉上公文包拉链，拿起帽子就向门口走去，甩下一句：

“也罢，这么大的订单，我猜您无论如何也做不了主！”

他成功了！

三个成功的刺激

像柯特·卡尔森或他的合伙人杜鲁门·约翰逊这样的顶级销售人员，当他们发现面对强硬的客户，阐述自己的点券计划，而对方却无动于衷时，他们便会拿起帽子起身说：

“也许这计划太复杂了，您做不来。”

“也许您出不起这个价。”

“也许您不想把生意做大。”

虽然说这些话有很强的挑衅意味，但只要时机拿捏得当，就可能打破客户的自大情绪，从而让这次推销绝处逢生。

他们也用冒险销售

同为点券推销员的威拉德·卡尔森和杰克·戈尔德曾碰上一个想敷衍他们的潜在客户，他是这么说的：“3 月再来找我吧。”这两位推销员拿出纸笔写道：“我保证 3 月做这单生意。”

然后他们把纸递给潜在客户，告诉他：“如果您能在这张纸上签字，保证 3 月做这单生意，我们将很乐意来拜访您。”潜在客户自然问起这是什么意思，他们解释说，如果潜在客户的竞争对手做了这单生意，一个月后他们可能就没法保证这位潜在客户还有机会做了。

这只是个很实用的销售技巧

当陷入销售困局之时，销售人员可用这种技巧实现逆袭。当所有常规疗法失败后，医生会说："那就开刀吧，这是你唯一的机会了！""唯一的机会"这一理念在空调推销员身上奏效了，潜在客户一听到推销员质疑他的决策权，怒不可遏，立即用下单来证明自己说了算。

读者朋友，这就是冒险销售！就像投资者舍弃蓝筹股而买入易波动的股票。有时你就该投资换手率、波动率双高的股票，高风险才能换来高收益！

冒险销售也是一样，这是销售专家和老手，甚至是有天赋的销售新兵的秘密武器。

他做了冒险销售

如果你去一家零售店买一件广告上说的售价 98 美分的东西，营业员"趁机"说"这种太便宜了，这里有件更好的，要 2 美元"，你大概会很恼火吧？这可不是冒险销售，而是愚蠢销售，这法子可不聪明。

但如果营业员去取那个售价 98 美分的东西时，手突然停下来，对顾客说：“嘿，您看这款虽然稍微贵点儿，但要好得多。”只见他手向右一偏，拿出了那件售价 2 美元的东西。此时顾客就不会觉得受到冒犯，反而要感谢营业员的服务周到，挑最好的东西给他。

当然，这个营业员也冒了点险，因为这一举动可能会激怒顾客，并且使他坚持要 98 美分的东西；但只要营业员的随机应变的本事练得炉火纯青，就不会冒犯到顾客。

这就是冒险销售，是一种高效的逆向思维销售手段。

冒险销售不是危险销售

冒险销售和危险销售差别很大。危险销售的风险很高，因为它是在客户有明确需求的情况下，还要硬塞给他别的东西。

危险销售会让客户难以忍受，这种方法傲慢冷酷、高高在上，制造出供不应求的假象。

如果你卖的是凯迪拉克，可以让你的商品略低于需求量。但也别做得太明显，饥饿营销在汽车销售上往往并不奏效。客户可能会说：“好吧，那算了。我有别的路子能在一周内提到车。”

冒险销售是激动人心的，有时还很有意思。但危险销售就等同于愚蠢销售了。

正确做冒险销售的典范

一名推销员吃了闭门羹，被告知客户很忙，没空见他。这时他突然做起了冒险销售：“您估计您的1小时值多少钱，琼斯先生？ 5美元差不多吧？还是10美元？”

客户觉得挺有趣，于是回答说：“大概60美元吧！”推销员掏出一张10美元的纸币放在客户桌上。“我很想买您10分钟时间，琼斯先生。”趁着客户心情不错，推销员赶紧坐下来接着推销产品。

在试验中，推销员总能拿回他的钱。当然，这出其不意的方法不仅能赢得客户的好感，还能获得订单。

可见做冒险销售的时机和地点很重要。

他的冒险销售奏效了

冒险销售可谓老树开新花，这种方法可能源自战时出售锦纶、白T恤、汽车之类紧俏商品的商家。此时为卖方市场，顾客只能乖乖买账。

正是这种“赶紧下手吧，女士，这可是最后一件了”的态度发展成为日后的冒险销售。现在的推销员进行冒险销售时总是面带微笑，机智老练。女主人告诉吸尘器推销员沃利·鲍威尔她对吸尘器无半点兴趣并请他离开时，他见再无退路，便进行了冒险销售。

他问女主人她的丈夫平时坐哪把椅子，女主人指给他看。他径直拿起吸尘器，去吸那把椅子上的灰尘，再把吸出的所有脏物倒在一张纸上，还真不少。

这时他站起身说：“您丈夫今晚回来时，请给他看看这几年他坐的地方有多脏！”

这似乎有点鲁莽吧？但如果推销员能微笑着礼貌地说出来就没问题。沃利·鲍威尔的冒险销售奏效了！

她推销的是保证

很多东西你没法保证，比如种子和植物是否能存活。如果栽培不当，它们多半活不了。因此，当被问及所购商品是否有保障时，达拉斯种子和植物的金牌推销员玛吉·科恩做了冒险销售。

她原本会用宝贵的时间解释为什么种子商店没法保证某些根茎和植物能存活，但这种常规销售法太冗长耗时了，所以她转而采用冒险销售的策略。当被问及是否能保证根茎存活时，她回答说："可以啊，以俄克拉何马为证[①]。"

客户问究竟什么是俄克拉何马保证时，她莞尔一笑，俏皮地说："保证从这儿到门口一定能存活！"

冒险销售取决于你怎么操作

任何巧妙的方法在一个蹩脚的推销员手里都无法奏效，冒险销售也不例外。

但如果落在一个经验丰富的推销员手中，或者一个精明强干的新人手中，这就是顶尖的销售艺术了。

推销员应掌握这种方法，接受相关训练，以拯救那些快要失败的销售。

这就像把救生艇抛向落水的船员，虽然可能撞到他的头，但毕竟有可能救他一命。

① 意即非真正的保证。

第三章

冒险销售何时最有效

埃尔默不愿用双光镜，直到验光师推荐他使用渐变焦镜片。接下来向大家讲述如何改变客户的固执己见。

销售专家能充分发挥冒险销售的效力。你说自己不是个专家？那就成为一个专家，至少成为一个逆向思维销售领域的专家，这是冒险销售的一个变化形式。

你也许会说自己没有魄力对潜在客户说：“我想我还是到此为止，别再浪费您的时间了。”在你看来，就算要煽动或刺激一个有惰性的买家，这样的措辞也用力过猛了。

那我建议你先尝试做些逆向思维销售，能熟练运用后再进行冒险销售。

我得买副眼镜

我发现自己渐渐看不清电话簿了，所以不得不去看眼科医生。他给我做了检查，说可以改善这个问题，并矫正了我轻微的散光。大多数人都有点散光，所以看不清半英里以外的事物。

医生说要给我配一副双光镜，我惊得差点跳起来。我，前海军陆战队上尉、国际基督教青年会理事、雄鹰童子军出身的埃尔默，要戴双光镜?

“不行。”我告诉他。

“好吧，”医生说，“验光结果在这里，您自己看着办吧。”

我遇上个验光师

于是我去找那个填写验光单的验光师，告诉他可以使用一定倍数的放大镜片，这能使我看电话簿变得更容易些。但我还要射中百步之外的松鼠，另外我不想戴那种老掉牙的双光镜。

“埃尔默，你见过我们新款的渐变焦镜片吗？”验光师问。“还没有，”我答道，“说说看。”

验光师说这是一种全新的产品。这种镜片既能让我极目远望，又能让我低头看清眼前的东西，电话簿自然也不在话下。

“远近合一。”他笑着说。

“既然你这么说了，”我说，“我就要这种渐变焦镜片了。”

我又回到了医生那儿

镜片配好了，我眼中闪着胜利的光芒回到医生那里，给他看我的新眼镜。

“这可是全新产品，医生，”我得意扬扬地说，“渐变焦镜片，你应该听说过吧？”

医生大笑起来。我被笑得涨红了脸。可他和护士还是大声笑个不停，直到看我一脸不悦才止住笑，告诉我：“小伙子，你不是不想戴双光镜吗？现在你戴上了三焦镜！”厉害了！

这正是冒险销售

可见这位医生不谙销售之道，否则就不会用“双光镜”这么令人不悦的词，应该直接说“渐变焦镜片”。而验光师则显然参加过销售培训，知道那个词不讨喜，所以就换了个说法。其实他只要卖给我单焦镜片，让我能看清电话簿就行，但他决定冒一次险，即便这可能会激怒我。所以他推荐我用渐变焦镜片，而这正是人们想要的。

他赌我不太可能起身去找另一个验光师，同时那个验光师又刚好“不想让销售额翻倍”。他赌赢了。

冒险销售需要做出预判

冒险销售需要有良好的判断力并了解人性。一旦冒犯了客户，你就别再指望和他们深入交流了。但你可以用一两个颇有新意的词来让他们从兴味索然的状态中打起精神来。

如果客户明显在冒犯你，或明显不感兴趣，那么你的理念应该从“寻求自保”转变成“振作起来”。客户永远是对的！但有时候，你不妨也让客户恼怒一次。

打破他的满足感

本书可谓一本关于销售技巧的高阶培训用书，加入了一些精妙的销售技能。但我认为如果你能把这些科班技能融入你的销售技巧库中，一定会受益匪浅。

有的客户往椅背上一靠，修着指甲，可以看出他对现在的生活很满足。要想把产品推销给这类客户，就得破坏他这种满足感。他已经有了满满一桶牛奶，不需要再来一桶，那你就该打翻这只桶。如果你踢翻了农夫的奶桶，农夫可就会急着找牛奶去了。

这个时候，你甚至能让他从城区牛奶商那儿买奶。对于销售也是一样的道理。

吓唬他、警告他、惹恼他

保险推销员会说："没错，您确实买了不少保险，但如果您的狗咬了人，之前买的那些保险能涵盖吗？"

客户往椅背上一靠，说自己为家具投了5000美元的防火保险。他挺满意，这对推销员可不利。但是他做了冒险销售，比如："您花 200 美元买了那把椅子，但换掉它却需要 300 美元。你以为自己的财产都有了保险，但您只投保了一半。"

"投保了一半"是一种直接的挑战，但这种挑战有常识和逻辑的支撑，所以并不危险。客户对他已有的保险不再满意，需要范围更广的保险。所以破坏客户的满意度是冒险销售的重要目标。

哈利冒险推销帽子

哈利是瑞思妥帽业的老板。他的帽子品质上乘，不用搞什么噱头就能卖得很好。但哈利发现就算是上等牛排也得靠吱吱声去吸引客户，如果这种吱吱声听起来很诱人，要比其他平淡的吱吱声更能刺激昏昏欲睡的客户。

所以哈利想出了把帽子划分为"五个时期"的主意，向客户展示自美国有帽子以来，它所经历的五次变化：从"英伦时代""早期美国时代"到"高筒礼帽时代""小礼帽时代"，再到现在的"平顶时代"。

没错，哈利就是我们今天所知的平顶帽的设计者。这种帽子就像猪肉派帽，帽顶是平的。哈利知道销售新款产品要冒风险，但他发现冒险销售很能吸引眼球。

连尼曼·马库斯百货公司也在卖这种平顶帽！

其他冒险销售的高手

“我看还是算了。”这也是一种隐晦地向犹豫不决的客户表达你态度认真的说话方式。

请看这种说话方式是如何在警察身上奏效的。当超速的摩托车驾驶者按警察的吩咐靠边停车时，他用起了冒险销售的说话方式：“高速公路上车太多，很危险，我想赶紧下高速！”结果，警察没开罚单！

约翰·爱合德曾在达拉斯运动俱乐部向众人讲述了他是如何买下一套根本不需要的、价值500美元的税簿的经历。推销员第二次上门时，就用了冒险销售式的开场白：“很抱歉我第一次没说清楚，因为如果我说清楚了，您肯定会想买的。”说着就又进行了一次推销。

约翰说他第二次还是把推销员请出门去，但这个推销员又冒了一次险，第三次回来说：“我有些重要的事情忘记告诉您了。”于是又开始说起来。作为律师和前检察官的约翰，也拗不过推销员，于是只得掏钱买下。

能干的黄色点券推销员

美国约有400家点券公司，因此竞争十分激烈。面对强硬的客户，柯特·卡尔森和杜鲁门·约翰逊经营的顶级价值点券公司采用这样的销售方式："我这儿有封信，信上写着您上周错失的300个客户！"

如果客户还是一副毫不理睬的样子，推销员就会点着信件，任其燃烧。要知道商店里有东西着火可是够令人惊慌的！如果客户问他在干什么，推销员就会说："既然您不愿读这封信，那我就把它烧了吧！"

另一个方法是拿出一份死亡证明和一份健康证明给对方看，并问他："您希望一年后墙上挂着的是哪份证明呢？"推销员随即会告诉客户，一个公司如果不采用点券计划就死定了，而采用点券计划就会大赚一笔。

不是专家的专利

没错，冒险销售并不是销售行家的独门秘诀。只要对产品和人性有一定的了解，任何人都能成功地运用冒险销售的策略。

“您难道不需要再买点保险吗？”是一种温和的说法。这也许对某些人会奏效，但对于态度坚决的人，你要变得更强硬才行。

你得硬碰硬，不妨说：“您确实只需要买半险就够了！您觉得自己的保险涵盖范围已经足够了！如果您家真的着火了，您就会把自己置于十分危险的境地。不过您看上去挺安于现状的，既然如此，我也没什么可说的了。”

如果有必要，你还可以格外强硬些：“我可警告过你，吉姆，如果你家真的着火了，可别来冲我吼。你在自己的商业领域很成功，但在保险这一块，你可太傻了！”

选好情景、选好客户，准备冒险销售吧。

然后你就可能有所收获——反正也没什么损失。

第四章

冒险销售的时机

对付强硬的客户需要用“沙盒法”。有些推销员对付无礼的客户很有一套。

我们来瞧瞧，理发师是如何运用冒险销售的策略向脱发的客户推销新款防脱发药水的。

理发师曾试过销售类书籍上的各种方法，向客户推销他那昂贵的药水，以“拯救仅存的头发”。

但客户很固执，“不相信头上的香味会有什么用”，也不相信“有什么能保住我的头发，该掉的总得掉”。

这时理发师突然开始冒起险来，他捏着几根头发说：“天哪，吉姆，你能有什么损失呢？”客户一时语塞，是啊，他能有什么损失呢？既然其他方法都没用，说不定这种很香的药水就能奏效呢。

这就是重点

当一切方法均已失败或眼看要失败，当你对自己坦言：“我还能有什么损失呢？”这就是做冒险销售的时机。如果所有药物均已无效，而患者也奄奄一息，无望中医生尝试手术也不会有什么损失了。

请问问自己，如果继续采用常规的销售策略，轻声细语，多给些样品，争取客户“回头打电话”，可以挽救这笔订单吗？还是为时已晚？如果已经没机会继续对话或不可能回访，你就可以说：“我还能有什么损失呢？”于是，做冒险销售的时机就到了。

他做了冒险销售

一个车蜡推销员拥有 90 个服务站客户。其中 50% 的客户购买了他的产品且很喜欢，10% 的客户偶尔购买，还有 40% 的客户不仅从未下过单，甚至将他拒之门外。

他该怎么做呢？他也许可以再尝试别的销售策略，可以鞠躬赔笑，显得彬彬有礼，甚至低声下气。方法很多，但他已经试了个遍。

两年来，他使尽浑身解数，可是客户却越来越刻薄、强硬。

“我还能有什么损失呢？”那个推销员自忖道，于是想起了冒险销售的策略，巧妙地运用逆向思维的语言去寻求突破。

沙盒系统

这个推销员走进一家曾经拒绝过他的服务站，问客户洗手间在哪儿（他称之为沙盒）。

客户面露不悦，但还是指给他，心想着这人被轰出去那么多次，怎么还好意思来用洗手间。推销员出来后，递给客户 1 美元，说：“我想换点零钱。”客户越发不悦，这人怎么如此厚脸皮。推销员收下零钱，买了一包香烟。

又从剩下的零钱中找出一枚 25 美分的硬币递给目瞪口呆的客户（注意了，他一直在瞪着推销员），说：“麻烦把这个也换成零钱。”

客户差点把硬币砸在柜台上，推销员却拿着零钱去自动贩卖机买了两瓶可乐，并递了一瓶给客户：

“来一瓶，凉快凉快！”

让客户大吃一惊

那客户也只能拿起瓶子喝，尽量在这个“死皮赖脸”的推销员面前放松下来。

这个推销员的烦人程度已经超出了他的预期。言语中如果有一点冒犯就可能被赶出去，如果还语带讥讽可能就被永远拒之门外。

但推销员深知，客户被他这一系列逆向思维出击（洗手间、1 美元的纸币和 25 美分的零钱）给制住了。

这一幕上演了 10 次，其中 6 个客户都买下了他的产品。

这些客户手握汽水瓶，面对一个从容自若的推销员，这场景想想也蛮有趣，或许是被他的坚持，或死缠烂打的劲儿所打动，最终买下了他的东西。

这个人也用了冒险销售的策略

这个推销员正向一位新店主推销车蜡，他带着一罐车蜡走进店里，厌恶地摇着头，一言不发。只见他打开一罐车蜡，擦起自动贩卖机来。

“您看，黑乎乎的指纹都不见了。”他对店主说。

“您这儿最脏的车在哪儿？”说罢不等店主回答就向一辆漆面很老的车走去。店主没办法，也只能跟着这个敢说这儿不干净的家伙。

推销员选中一辆车，将一块挡泥板擦干净，后退一步说：“您不买我的车蜡是一大损失。”只要向客户展示这块挡泥板，再推销这款车蜡就大功告成了！”

当然，他也会不时被从停车场轰出去，但正如他所说：“我让很多客户怒不可遏，最后反而买了我的车蜡！”

如果一般的客户拒绝了他，他只能和颜悦色地接受。可一旦碰上“布鲁克林区和布朗克斯区那些难缠的主儿”，就得硬碰硬了，他说“我的确是这么干的！”

这家伙是这么说的

当他走进一家店时，从来不会说：“您的货不多了，要不要再订一箱？”因为这时客户可能会拒绝他。他总是这么说：“您的存货只够卖给 3 个人的！”

这就是用逆向思维做销售——跟商家绕圈子。

推销员本可以说："您的存货就剩3件了。"但这么说就太平淡了。所以他用存货的数量提醒商家他的库存少得可怜，这就是冒险销售，因为这种情况可能对商家更危险。

他是这么做的

面对一位跟他已经说过"这是最后一次"的店主，推销员决定冒一次险：

"您想不想雇一个免费劳动力？"

店主当然会咕哝一声"好啊"，然后看看他要卖什么关子。这时推销员掏出他的车蜡，说："我的产品是其他产品上蜡速度的两倍，岂不是给您省了一个劳动力嘛！"

推销员说着不等店主同意（可别忘了，这名推销员已经被下了最后通牒，还能有什么损失呢），就走向一辆车，给挡泥板上起蜡来。完工后说道："瞧瞧这挡泥板，亮多了吧？而且这么快就完成了，我马上就能再上完一辆！"

店主一下子明白了，这确实能不花钱就多出一个劳动力。

欧文·胡柏曾做过冒险销售

在欧文·胡柏担任《巴尔的摩新闻》的广告部主任时，客户声称从不用报纸的左边页登广告，因为这是块无人问津的地方。

可右边页已挤得满满当当，所以客户从来也不在《巴尔的摩新闻》上登广告。一天，有位客户的卡车撞了个孩子，求欧文“把这事儿盖过去”，欧文也照做了。可第二天，客户打电话来大骂：“你骗了我们。所有人都读到了这篇报道，我们遇上了公关危机。”

欧文听罢，不紧不慢地说：“我们确实把这事儿盖过去了。按您的吩咐，我们在左边页上登了这起事故，您自己说没人读左边页的。”

3天后，这位客户在《巴尔的摩新闻》的左边页上登了广告。

有人在新英格兰这么做

较之得克萨斯州，新英格兰地区的汽车维修店老板更开放些。因为当一位推销员走进一家新英格兰地区的汽车维修店时，店主根本不理他，他就会追上去，将1美元纸币放在柜台上，说:“给我来一罐你们这儿最好的车蜡。”

他打开新买的车蜡，再开一罐自己价值两美元的车蜡，说:“来，拿着您这里最好的车蜡，我们各给一辆车打蜡，开始吧。”商家大吃一惊，这个推销员居然在命令他。不过既然卖出了一罐车蜡，他的心情也不会太糟。

两个人就开始给挡泥板上起蜡来。不一会儿，只听推销员说:“我好了，您呢？”

商家当然还没上完。推销员接着说:“您看，我的车蜡可以为您节省一半的上蜡时间。有这时间，您要么可以歇歇，要么可以再多处理几辆车。现在您觉得该用哪种车蜡呢？”

这就是用逆向思维做销售，也是冒险销售的精髓！

当一切无计可施，当其他方法均不奏效时，推销员不妨巧妙地进行冒险销售，险中求胜。

第五章

冒险销售对所有人都有效吗

在保险推销员的故事中，他虽然差点惹恼了客户，但还是拿下了订单，连卡斯特都获得了最后一个机会。

这种销售技巧并不是对所有客户都奏效。没什么放之四海而皆准的方法。在不同的时间面对不同的人须做一些理智的判断。

对80%的人而言，温和的逆向思维销售是奏效的。这一击很妙，能让球弹回来。

一般而言，这种曲线的销售方法效果最佳。商家盯着球，想着球飞向的筐，可是你却虚晃一下，给球加个弧度，投进另一个筐中，让商家折服。

马什·特瑞的做法

马什·特瑞在推销埃尔默·惠勒销售训练计划时总是径直走向一个店铺里积灰最厚的货架。

他用手指一抹，一脸嫌恶地看着手指上的灰，然后对神情恼怒的店主说："想让货品不积灰的办法有两个。一是买个好点的掸子，二是来上我们的课，加快存货的周转率，这样灰尘就来不及落上了。"

店家也许会感觉受到了冒犯，不过可别忘了，他也经常不给马什好脸色，那马什用这种激进的方法做最后一次推销又能有什么损失呢？

马什的成功率是1/6，这已经足够支持他在亚特兰大开一家销售台词研究室，来讲授"魔法销售台词"了。

鲍勃·沃茨是这么说的

鲍勃·沃茨先选出他认为使用冒险销售能奏效的对象，再走进去对店主说："您有没有想过货架上放着的是您妻子的6条裙子、您孩子的一辆自行车或一次去佛罗里达州的度假机会？”

店主会有些茫然，他本以为鲍勃会说些推销员惯用的套话。他自以为知道鲍勃的球会投向哪儿，但没想到他竟打了个弧线球。鲍勃告诉他，如果把这些蹩脚的商品都清理掉，就能有钱买鲍勃刚才说的那些东西了。

把这些滞销品变成“裙子、自行车或度假机会”的说法极大地刺激了店主。这种办法使他成功搞定了1/6的客户。

克莱德·菲利普的拿手好戏

克莱德·菲利普讲述了一个保险推销员如何把握机会的故事，这是他的销售台词研究室的真实案例。一般人只是告诉客户他们过世后家人每月能收到一张支票，他却又加了一把火。

这个保险推销员掏出12张支票放在丈夫面前，说：“如果您去世了，您是否希望您的女儿在10年内每年都能收到这样的12张支票？”

他又把这12张支票在潜在客户面前排成一排，让潜在客户目瞪口呆。为了加强戏剧化的效果，他又说：“请在每张支票下面写上‘来自爸爸’。”

这样的销售非常有力。由于它让人想起死亡这个可怕的词，所以属于冒险销售。客户可能会对这一行为做出负面反应，但事实证明只有少数客户出现了这样的反应。

约翰·乌尔夫讲了个故事

“您雇用了多少名 65 岁以上的员工？”一个叫约翰·乌尔夫的纽约保险推销员常常以这样一句话作为开场白。潜在客户自然会带着讥讽说：“难道你以为这里是养老院吗？”约翰顺势回答：“既然您不愿意聘用老年人，那您认为谁会在您 65 岁时聘用您呢？”

这是一个很有力的反驳，随后约翰放缓语气：“我们公司想在您 60 岁、65 岁或任何年龄时聘用您，月薪也如您所愿。”

接下来，他会给客户看一份保险单，向客户支付“一定数额的薪水”，其有效时间也将由客户决定。

约翰·斯特劳斯是这样讲的

约翰·斯特劳斯在芝加哥以外开展了我们的函授课程，讲述了他的函授学生推销保险的方法。这位推销员走进之前曾遭到数次冷遇的潜在客户的办公室，突然说："您父亲60岁后赚了多少钱？"

这位推销员事先了解到客户的父亲是靠儿子赡养的，所以听到答案后他接着说："您希望以后像您父亲一样由孩子们赡养吗？"

这话说得很重，但是思路非常正确，因而不是危险销售而是冒险销售。推销员很快接着说："等您到了花甲之年，我们公司很乐意聘用您，不仅能满足您的薪水要求，而且您可以在全球范围内任意选择住址，只需您签字同意即可……"

有的客户或潜在客户对推销员很头疼，就像牛仔对鞍伤头疼一样，以上的非常规做法能很好地解决这一问题。这些方法能刺激到那些在你说话时总是心不在焉、没精打采的客户。唤醒他们确实有风险，但都到了这地步，你还能有什么损失呢？

甚至对警察也奏效

我认识一个人，就很会用冒险销售的策略。他一看警察驱车赶上，立即说："真抱歉，还麻烦您费劲追上来给我开一张罚单！"

我还认识一个人，他在车座上放了一本《圣经》，然后才跑进大楼拜访客户。他希望如果一位善良的爱尔兰老警察看到这本《圣经》，会自言自语地说："车主肯定是在大楼里按上帝的旨意做事。"这样警察就不会贴罚单了。

没错，这方法几乎适用于所有人

当然，即使用上冒险销售的策略，你也不能在葬礼上卖花生；就算再怎么兜圈子，你也没法向医院销售马肉。

你要认真判断何时适合使用销售技巧，何时不适合使用，也得判断清楚使用对象。然后运用温和的逆向思维语言和逆向思维销售，这样，冒险销售的技巧就基本能对所有人奏效了。

威尔伯对爸爸说："老师说我应该多读书，您能给我买一本大卫·克洛科特的书和一本吉恩·奥特里的书吗？"这就是冒险销售。

这个技巧能让客户注视他预判的球的走向，再向另一边打一个弧线球。

第六章

神不知鬼不觉的逆向思维销售

在大热天卖热东西，以及猴子给我们上的关于冒险销售的生动一课。

逆向思维销售就像从后门溜进去，在潜在客户还没意识到发生什么之前就已经进屋了。

逆向思维销售就是转移注意力，左手打开公文包时把客户的注意力从左手转向右手。

逆向思维销售不是欺骗，也不是诡计。欺骗和诡计都只能用一次，然后就会让你声名狼藉。

逆向思维销售就像是射出一枚子弹，看上去对准了石头，最后却反弹到歹徒的身上；看似离开了潜在客户，实际上却是让他快速走向你！

他们出售“高温天气”

杰克·马洛里就职于一家可送货上门的面包房，他想向普通的面包买家推销花哨的烘焙产品，因为当时我们关于节食的《胖男孩手册》正在《时代先驱报》上连载，反响很大。

他们清楚最好别直接问：“史密斯太太，您有计划购买蛋糕和馅饼吗？”而应该先定位刚开始节食行动的人，从商业角度而言，他们是最易攻破的。我们在达拉斯的销售台词研究室就受委托研究如何出售花哨的产品。

我们做到了，但出售的并非卡路里，而是“高温天气”。

方法如下

我们让流动商店推销员戴上我们的Minifon有线录音设备，用手表就能录下买家和推销员之间的全部对话。这真是《至尊神探》里的通信手表的现实版应用了。

我们发现，对饱受高温之苦的女性而言，用传统的方法向她们销售蛋糕、馅饼、饼干和其他花哨的食物（有远期利润）并不奏效。我们在 1954 年夏天进行了测试，那年夏天很热，报纸称创下了得克萨斯州史上最高温度。

有一天，当时的雇员杰克想到一个很棒的逆向思维销售的点子。

“天可真热，是吧，女士？”

杰克让流动推销员叩响后门，用手帕擦着额头上的汗，等女主人开门时说：“天可真热，是吧，女士？”女主人本来就觉得热，看到这满头大汗、拿大手帕不停擦额头的推销员就更觉得热了。

“您一定希望厨房的温度能降低 15%吧？”推销员突然问道。谁不想呢？女主人当然回答说想。推销员接着说：“那么就让我来帮您完成烘焙吧，这样您的厨房就不会变热，您却仍能享用我托盘上的这些馅饼和蛋糕。”

一开始女主人还不大明白，以为推销员要每天来她家为她烘焙呢。推销员赶紧解释：“我们可以一大清早就在店里烘焙好，再送到您家。这样您先生晚上回家时，厨房就不会太热了。”女主人这才明白。

这就叫声东击西。

从后门溜进去

这方法并不复杂，常识而已，只需在后门做一番表演。就像魔术师用右手变着花样，左手却偷偷去拿藏好的牌。

这方法能快速让客户抓住亮点（“惠勒要诀”之一），讲得绘声绘色（“惠勒要诀”之三），还需要熟练运用“惠勒要诀”之四，不要问“买不买”，而要问“买哪个”，比方说：“史密斯太太，您想要6个还是12个甜甜圈呢？它们卡路里不高，却能为您补充能量！”

有样学样的技巧

有样学样是一种让他人不自觉地做同样事情的技巧，就像猴子会模仿其他猴子点头一样。

这是一种巧妙的销售策略。比如你可以对客户说：“您今天想要6盒吗？”他想了一会儿然后拒绝了你，说这次先不用了。

而用上有样学样的技巧，你就可以说：“您今天想要6盒，对吧？”然后自己点点头，客户也就会跟着你点头。

这就是精心设计语言来让他人点头。

有样学样的技巧的更多例子

设计一句让人点头的话并不容易，但还是值得尝试。我们在全美的销售台词培训学校中有专门训练这一技巧的课程。想想你的产品或你销售的东西，你能把语言组织成一个让人点头的问句吗？

永远别这么问，比如：

“史密斯太太，您想来点这个吗？”

“您今天打算买点剃须刀片吗？”

对于这些问题，客户都可能不自觉地快速拒绝你。不如试试这样说：

“您丈夫会喜欢的，是吧，史密斯太太？”（点头）

“您的剃须刀片不多了，是吧，老板？”（点头）

关键在于，设计一句能让人点头的话！（不是敷衍地点头，而是肯定地点头）

运用这一技巧

现在回顾一下你的整套销售台词，看看如何组织语言能让人频频点头，别忘了摇头也算，这是实实在在地在以逆向思维做销售。如：

永远别说："您库存中的 10 号尺码快卖完了。"

"您的B型存量不多了。"

而应该说："您不希望 10 号尺码断货吧？"（摇头）

"您不希望B型的存量不足吧？"（摇头）

如此，你就能让商家注意到如果货物真的所剩无几会发生什么，从而神不知鬼不觉地获得订单。以下是另一些措辞范例：

"琼斯先生，如果您今天不认同这份保险，就是在拿您孩子的未来赌博，您不会希望这么做吧？"（摇头）

"您希望收银机不停地响起，没错吧？"（点头）"但如果您只有两件库存，它还能一直响起吗？"（摇头）

以逆向思维做销售往往就是通过配合摇头或点头起作用的！

冒险销售的最新应用

黄金点券交易公司副总裁弗洛伊德·约翰逊给我们讲了一个他公司的推销员做冒险销售的案例。

这个推销员从来不会走进商铺直接向潜在客户推销他的点券计划。进入商铺后，他总是长时间凝视货架，然后才对店主说：

“我想我们用得着您，我来自黄金点券交易公司。”

另一个推销员用了我们“打牌接近”的策略，一边和难缠的客户打牌，一边搞定反对意见，从不让一个潜在客户溜走。

要是潜在客户想回绝他，他会不悦地说：“听着，您还没看到精彩部分呢。您之前一直在小赌场赌吗？”

一些推销员称这种视觉辅助工具为“追求工具”，可以追逐难缠的客户，重新燃起他们的兴趣。

你是否尝试过用“追求工具”做销售？

第七章

危言耸听、嘲笑和“坏消息”在冒险销售中的妙用

质疑他人的能力、权威或做事的权力是个老法子，甚至对他们的妻子也有效！

强制销售的时代已经过去，那是雪茄、赛马和钻石吉姆·布雷迪的镀金时代。现在流行的是引导销售、科学销售和诚意销售。最重要的是，在直销时代过去后，逆向思维销售的时代来临了。

这就是逆向思维销售的意义。你对潜在客户说：“我不信你能承受得了。”这会激怒潜在客户，他会说：“我当然可以！”逆向思维销售有多个阶段，主要分为以下几类：

质疑潜在客户

一些推销员发现质疑客户的付款能力非常有效，所以很喜欢用这一招。这种质疑会让客户恼怒，为了证明推销员是错的，客户通常会下单。

在一次性的商业活动中，推销员会凭直觉使用这种质疑式的逆向思维销售，因为他们不会再见到这个客户。但如果你要与客户有多次接触，最好还是客气些。

让他人感觉自己财力不足是一种冒险销售。当其他方法均不奏效时，一个擅长处理人际关系的推销员能让这一办法奏效。

危言耸听地销售

这也是逆向思维销售的绝妙应用。你需要吓唬别人：你不说买此产品能得到什么好处，只告诉他不购买可能导致的后果。这一招儿是保险推销员的最爱。他们常说："假设您的房子今天着火了，您有钱重建吗？"

你告诉潜在客户如果他不购买可能会导致什么后果，

从而吸引他的注意力，这是绝妙的逆向思维刺激法。“您的保险齐全了吗？还是只涵盖了一半呢？”保险推销员问。

这种方法在对方的头脑中植入了“恐惧”。他们购买不是为了获得好处，而是为了避免可能发生的事，即为了预防而非获利。这也是一种不错的冒险销售形式。

带着嘲笑销售

这种逆向思维销售也有一定风险，但有些推销员就喜欢剑走偏锋，下面就来介绍一下具体方法。你可以嘲笑拒绝你的客户，讽刺他，轻微地激怒他，质疑他，让他“无论推销员说了什么”都要买下产品。

“如果您想一夏天不停地出汗，那是您的选择。”一位空调推销员在使用其他方法均告失败后这样说。

“如果您想拿自己的生命当儿戏，那我也没意见。”医生说。他用纯粹的专业态度挑衅你，让你选择立即手术。

如上文所说，如果你不擅长刺激技巧和处理人际关系，这种逆向思维法可能很危险，因为客户可能会反击：“那又怎样，这是我的生活，不是吗？”虽然这一方法有风险，却效果显著。

带着“坏消息”销售

还有一种逆向思维销售法，即敏锐的推销员指出一个客户原本没意识到的“坏消息”。类似的范例在广告中比比皆是：女人皲裂的双手、明显的炎症、衬裙滑落、涨红的脸等，这些都让人窘迫。就像老套的“朋友们都坐下玩起来了，就我一个人受窘”，只不过是反过来说。

就像一个人的衣服缩水了，别人告诉他如果买了防缩的衣服就不会碰上这样的囧事。又好像一个人站在撞得不成样子的汽车旁说：“要是听了保险推销员的话就好了。”

在必要时方可使用这种技巧，这也是一种高风险的技巧，所以请小心使用。如果情况需要，你就可以用冒险销售的策略，从而把自己的销售事业做得风生水起！

这是质疑潜在客户

你对妻子说：“我知道你肯定不会在晚上开派对前把家里打扫干净。”可是等着瞧吧，她会证明你错了。

这就是质疑他人的能力、权威或做事的权力。

电影里每个英雄都对坏人说过：“当然，如果你有足够胆量的话！”综合运用这些冒险销售的小技巧，就可以让几乎所有人自我膨胀，不管是亚当还是采购经理。

关键是只有在无计可施时才可这样去质疑对方。

第二部分

巧施障眼法

第八章

百万富翁法

这招儿在获取对方的姓名和需求上有奇效，并能快速促成交易。这是推销员的障眼法。

丹·哈尔在我们的纽约销售台词研究室协助杜蒙特博士开展销售培训项目时制订了这套计划。

我们称之为“百万富翁法”。以下是它的实施方法。

波普和妈妈决定买一台电视机。妈妈对波普说：“我们去逛逛吧，但是别买第一眼看到的那台，明白吗？”

他们俩走进一家商场。导购迎上来，领着他们走向一台电视机，说：“这台电视机看拳击赛和足球赛的画质效果是最棒的。”

波普犹犹豫豫地对导购说：“可是，这正是妈妈和我不喜欢的，所以我们才迟迟不买电视机。”

怎么办呢？导购有 3 招儿来应对这种情况。

曲线法

妈妈和波普走进杜蒙特的店，杜蒙特不紧不慢地向他们走来，伸出手说:“早上好，我是史密斯，请问您贵姓？”

通常有人主动伸手时，你也会不自觉地伸出手来，不妨试试这招儿吧。你向俱乐部或聚会的新面孔伸出手来，说:“我叫卡尔·阿弗莱克，请问您怎么称呼？”他也会握住你的手，自报家门，这叫人没法拒绝。

这就是心理学的有趣之处。你可以试试，看这方法能不能帮你获得他人的姓名，再评估是否需要把它纳入你的方法库中。

接下来进行下一步

知道对方的姓名后，你再问候一句:“你好吗？”这句话能让人放松下来。他原本可能要开口抱怨，表达确定的观点，或打乱你的安排，但当你问他感觉如何时，他会告诉你。

你可以利用这个机会大致了解他，这个问题也会让他的态度缓和下来。然后离开他，静静地观察，他的行动会暴露他的想法。

他也许会说："我和妈妈打算今天看看电视机。"

别在他刚表露出兴趣时就把他带到你的产品前，不如利用逆向思维销售。创造饥饿感！问问："您最喜欢什么电视节目？"

他将很快和盘托出

你问他最喜欢什么电视节目，他可能会这么回答你："妈妈和我不喜欢拳击赛和足球赛，倒是对西部片挺感兴趣！"

他已经说出了厌恶什么，现在你起码不会向他展示适合观看拳击赛或足球赛的电视机。他还说出了想看什么，但现在还别急着把他带到某台电视机前，你可以这么说："如果您是位百万富翁，那么用这台电视机看西部片效果最棒了。"

你奉承了他，也暗指自己的电视机是"为百万富翁打造的"。他肯定会看看那台电视机，向你询问："这是什么牌子的？"

直到这一刻，你才能开始直接推销，把他带向那台电视机。

这就是著名的“百万富翁法”。

这种方法几乎适用于所有销售活动

这种方法几乎适用于所有销售活动。推销员可以自如地使用这种方法，这也是低度冒险销售法的标杆。

这种方法能让客户迫不及待地达成交易，推销员静静地进行攻心战，直到客户问：“这是什么牌子？”

这个方法能在10秒内问到客户的姓名，完成自我介绍并了解客户需求。

至此，你已经践行了优秀推销员的准则：先询问，后出击。

千万不要强行向客户推销“世界上最好、功能最强大、画质最棒的电视机”，说这台电视机特别适合看拳击赛和足球赛，结果却发现这恰恰是客户所厌恶的节目。

而应该先了解客户的需求，再诚恳地告诉他如果他是位百万富翁，世界上没有比这台电视机更适合他看西部片的了。

让对方感觉自己是百万富翁！

第九章

“达拉斯之星”的冒险销售

尼曼·马库斯百货公司声名远扬；梅茨格牛奶公司让送奶工穿上百慕大短裤；卡恩商场专供“胖男孩”服装；吉米·威尔逊给男人穿上粉色衣服。细心去发现，你所在的小镇也是如此。

我们曾经带着我们的销售培训项目进军大名鼎鼎的尼曼·马库斯百货公司，游客们称之为“达拉斯之星”。斯坦利·马库斯、埃迪·马库斯和劳伦斯·马库斯秉承父亲赫伯特订立的优良传统，经营着一家不同凡响的企业。其与众不同之处在于他们的冒险销售策略。

斯坦利要是看到我的书，一定会急得跳起来。和许多其他著名商场一样，尼曼·马库斯百货公司也不自觉地用起了逆向思维销售和冒险销售……没错！冒险销售对这样的商场而言是行业陋习。

我的真实意思是这样的

销售人员心里清楚这家商场有多么出名，在对待客户时不经意间就会流露出一种傲慢的态度。

如果你卖的是貂皮大衣，你就会呈现“貂皮大衣的态度”。你会变得更傲慢，举止像个贵妇一般。

廉价商店的店员就没有这种“自己是个人物”的感觉，因为她在卖便宜货。但要是把这个店员放在尼曼·马库斯百货公司（世界上这样的商场可不少）那样的商场里，她就会立马端起架子来。只见她高挑着眉毛，换上带柄眼镜，一副爱搭不理的样子。她在静候舍得花钱的豪客，自己可得先装装样子。

这些都是销售技巧的一部分

这样的商场就是在使用冒险销售，因为这种“贵妇范儿”可能会吓跑一些顾客，激怒一些顾客，再让一些顾客感到不舒服。但总的来说，这种策略还是能吸引大部分潜在客户的。别忘了，这些人是客户，而不仅仅是顾客。

有时你等不及导购来为你服务，不得不“主动去找”他们。但是这一招儿很奏效。一个人越成功，就越不会主动去找别人，而要等别人来找他。这就是冒险销售，但如果你摆正自己的位置，这招儿就会像在尼曼·马库斯百货公司里一样奏效。

梅茨格牛奶公司曾让送奶工穿上百慕大短裤，借机做了一回冒险销售。这可能会遭人耻笑，从而导致销量下滑。但等盖瑞·摩尔和其他人在电视上说起这个“巧妙而新潮”的点子时，梅茨格牛奶公司里走不稳路的人都开始享受“穿着惹眼”的乐趣了。

在其他商场从未奏效

从尼曼·马库斯百货公司出来沿着街道继续往前走，就是由比尔·布朗经营多年的蒂奇商场，还有由小哈里斯和小克雷默经营的哈里斯商场，还有梅伦艾沃商场。这些商场里就没这么多冒险销售了，因为他们的顾客无法忍受这种销售手段中的逆向思维话语。

但如果你去吉恩·桑格的商店看看，看他如何大胆直接地吸引“胖男孩”和“在别处找不着合适衣服的身材魁梧的男人”，这就是奏效的冒险销售。

我给自己的节食书起名叫《胖男孩手册》，这也是一种冒险销售，但这对“胖男孩”很奏效。但是如果叫《胖男人手册》就太危险了，因为没有人喜欢“胖男人”这个称呼。加上“胖男孩”，这个书名就很有幽默效果，像富人爱吃的穷小子牌三明治一样。

所以吉恩在卡恩商场里使用“身材魁梧的男人”的照片来销售“胖男孩”的衣服，同时也向普通顾客出售常规尺码的衣服。

还有吉米·威尔逊

吉米·威尔逊和父亲在达拉斯开了一家特色商品店。他把男款粉色内衣、粉色袜子、粉色百慕大短裤和粉色运动外套放在橱窗里。

你能想象一个男人穿成这样走在大街上吗？恐怕不能吧。吉姆也觉得不靠谱，所以称之为“雷人套装”。这样的展示能让人停下脚步、议论纷纷，这就是冒险销售。可是，人们可能会认为这家店的潜在客户是“喜欢粉色衣服的人”，然而事实并非如此。在这些奇装异服的旁边，陈列着更多哈特·夏弗纳牌的服装。你会感觉这家店格调挺高，如果你不喜欢那些奇装异服，还是能找到深灰色或棕色的新款衣服的。

这家商店用冒险销售法把自己包装成了一间潮流时装店。

你那里的主要街区也是一样的

我住在达拉斯，也了解这个城市，所以举了几个当地的例子。但在500多个城市进行过销售培训后，我发现你所在的城市也是一样的。

你的城市里同样有尼曼·马库斯式的“高端”销售，有蒂奇式和哈里斯式的“亲民”商店，也有威尔逊式的“雷人”店铺。总有人在进行冒险销售，比如在橱窗里放一两顶价值100美元的帽子，为其像模像样地编个故事，让你觉得帽子确实值这么多钱。但在这些高价帽子旁边却放着许多价值7美元的帽子。

你的城市里也会有我的好朋友金斯伯里开的那种商店。起初，他在街边摆摊卖领带，现在开了一间男装小店，安排一名店员在店外用喇叭大肆叫卖。他也采用冒险销售的策略，以 1 美元的价格把价值 3 美元的领带售出了，买主当然也是喜欢冒险消费的人。

这些冒险销售背后

你会发现隐藏在这些冒险销售背后的，是一群非常理智地过着低风险生活的人。

玛丽·劳埃德是尼曼·马库斯百货公司的培训主管。她性情温和、语调和缓，看到在尼曼·马库斯百货公司工作了30年的店员让一位百万富翁主动开口时也会感到不安。但她也敏锐地知道在这儿工作了 30 年的奥威尔女士能让大客户主动来找她，是一件值得骄傲的事。

和斯坦利·马库斯一样，玛丽也深信言谈得体、面带微笑和举止亲切的重要性。

一个年轻的女店员告诉顾客“这是驻外记者穿的那种雨衣”，结果雨衣立马被抢购一空。

还有一个化妆品导购，只要卖出一瓶价值 1.5 美元的“魔法粉”（一小瓶五彩缤纷的小水晶，可以在正式场合或特殊场合撒在头发上），就能卖出任何产品，包括那些价格高达 500 美元的产品。

称这种小产品为“魔法粉”就是一种刺激，再加上一句话：“它能让你像彼得·潘一样开心。”

这样做销售可一点也不危险！

人人喜欢冒险

一部电影的标题或副标题中只要出现“危险”或“刺激”之类的字眼，就能看到买票的队伍排得老长。

电视节目也一样。《蒂姆历险记》总是魅力无穷，因为人们热爱冒险。

人们凑在集市上看摩托车在一个倒过来的大圆盘上绕圈，或者看一个划独木舟的人中枪。危险的情景往往是抓人眼球的。

冒险的诱惑让人难以抗拒。

优秀的推销员也是一样的。他喜欢有时来一次冒险销售，这能让人喘口气，激励他继续向前。

向普通客户推销了几天后，他突然想换个模式，去搞定那个从来也不下单的难缠客户。

这能让他从常规的生活中抽离一阵。如果他能成功推销出去，这可比向10个普通客户成功推销还要让他开心，哪怕他的收益只及向10个普通客户推销时所得的一半。

去挑战那些能让你完全释放的人吧。当然，释放不是那么好控制的。但对于行家来说，释放真的能换来金钱，这可是常规方法办不到的。

第十章

小指头销售法

尽可能推销那些“更大件的商品”和“档次更高的商品”。这不是欺骗，而是一种销售诀窍。

让我们来看一些零售业的推销技巧（同样适用于展示厅的批发、上门推销、厂商向批发商的推销或直接向零售店的推销）。

我不喜欢在地毯中掺入铅粉来吹嘘它的沉重，也不会在棕榈蜡中放入石子来增加重量。这可不是冒险销售，而是非常不道德的商业欺诈！

我喜欢使用合法且不那么奸猾的销售技巧。在销售中你可以取巧，但不能欺骗。你一旦欺骗客户，就会被贴上强制销售、没信誉的标签。

销售大一号的罐头

一位聪明的店员发现如果把大罐头放在小罐头上，看上去就会比放在小罐头下更大。

你会发现潜在客户的目光总是落在最顶层的东西上，无论是一双锦纶袜还是一套保险方案，他们总是先看最上面的，就像“图腾柱上顶端的人像”拥有最好的位置一样。

稍微晃动一下

如果你再稍微晃动一下最顶层的物品，不仅能吸引客户的目光，而且还能维持他们的注意力。

任何晃动的东西都能吸引注意力。因此闪烁的霓虹灯能抓住人的眼球，而圣诞灯厂商也喜欢生产会闪烁的灯泡。

如果你手里抓着一副手套，它的销路可能会比其他你不感兴趣的手套好。仔细观察，客户的目光从没离开过最上面的一副。

如果你把一份价值 10000 美元的保险方案放在一份价值 5000 美元的保险方案上，也许可以让客户只关注更贵的那一份。这是非常精明的销售策略。

晃动小指头

在周日下午的茶会上，只要注意女主人如何晃动她的小指头，就能猜出茶杯有多昂贵。如果这只茶杯十分名贵，她肯定会伸出手，拼命晃动小指头，否则的话，她可不想吸引过多的注意力呢。

这个准则也适用于商品。优秀的推销员对待品质上佳的产品会比对待一般的产品更仔细。他不一定真会晃动小指头，但他会更仔细地触摸他认为最适合客户的产品，从而产生一样的效果。

廉价商店的店员拿出一个珠串时看起来它只值 1 美元，而爱沃特百货的店员取出珠串，并放在深蓝色背景上时却看起来值 100 万美元。

晃晃小指头就能促成一笔大单，不妨试试。

三的法则

当客户想要一件 1 美元的东西时，你先把这件东西拿给他，然后再把一件2美元的东西和一件3美元的东西依次排列在旁边，观察客户的反应。他很可能不再想要那件1美元的，又觉得3美元的太贵，最后买走了2美元的。

就这样，推销员利用“三的法则”使销售额翻了一番。有时他还会特意拿起那件3美元的晃一晃，以此吸引客户的注意力。

轻微动作对眼睛的影响往往是惊人的。

可以逆向利用这一法则

你还可以逆向利用“三的法则”。先拿出两件你确定客户不会喜欢的东西，然后再把你实际想推销的那件放在中间。在两件相对较差的东西的衬托下，你会发现客户很快就能选定那件最好的。

就像妻子带着3顶帽子回家：一顶是难看的蓝色，一顶是夸张的红色，一顶是典雅的黑色。丈夫肯定会不满地说：“天哪，快选那顶黑色的，其他两个颜色太丑了！”

如果她只带了一顶黑色的帽子回家，丈夫可能会嚷嚷道：“怎么又买了一顶帽子？你去年买的那顶呢？”然后你就只好把帽子退回去。

逆向思维销售真是屡试不爽。

一个家具店导购这么做了

一位聪明的家具店导购会让你先坐在一把廉价的椅子上，这把椅子常出现在广告中，销量也很好。他可不想诓你。可随后他会推来一把较贵的椅子让你试坐，你很快就会发现这把椅子比刚才那把舒服多了。

他这是在破坏你的满足感，让你体验一下奢侈的感觉。就这样，你不再满足于那把廉价的椅子。

逆向思维销售就像赌博，也有一定的风险。因为客户可能太喜欢那把昂贵的椅子，于是放弃购买廉价的椅子，说："等我买得起这把高级椅子的时候再来。"

但这还是值得一赌的。

推销保险也可以冒个险

家具店导购的手搭在那把昂贵的椅子上，不停地晃动小指头，或者干脆自己一直坐在那把椅子上，持续吸引顾客的注意力。

而保险推销员相应的做法是拿起那份更好的保险方案，一直抓着不放手，却碰也不碰桌上的那一份。他在客户面前一直拿着笔，晃动着小指头，意思是今天肯定能用这支笔签单。我还见过他把这支笔向潜在客户那边滚去，在快要落地时又不自觉地伸手抓起。我还见过推销员真的让笔掉在地上，并让潜在客户捡起来，然后就由潜在客户抓着这支笔。我还见过推销员不停地在纸上写自己的名字，喜欢利用客户看样学样的本能，促使他们也想写下自己的名字。

要点在于，他们灵活运用小指头销售法吸引了客户的注意力。如果能一直看见那支笔，到了拿起笔的关键时刻，潜在客户也就不会觉得签字突兀或可怕了。

试试晃动你的小指头吧！

冒险销售的多种方式

所有生发水公司都要求野根生发水公司在战时停止使用酒精。他们有没有向公众致歉并提供一个“优质的替代品”呢？没有。他们是这样宣传的：“野根公司向大家保证产品绝不含酒精。”

加利福尼亚州海岸有一家罐头公司出售粉红鲑鱼罐头，虽然粉红鲑鱼的品质不如红色鲑鱼，但他们也没有致歉，而是大声疾呼：“本公司可以保证我们的鲑鱼在罐头中不会变红。”

当然，好彩香烟没能在战时推出绿版包装时，也没有做出解释，只是说：“好彩香烟的绿版去参战了！”然后推出了一款新包装！

第十一章

当你到了山穷水尽之时

威拉德·威塞尔发现了一种有风险的刺激销售法，他巧妙运用这种刺激在大萧条时期促进了民众对燃气的消费。

大萧条真的来了。新婚夫妇从小家搬回了“大家庭”。

全国的燃气都滞销了。在孤星燃气公司撤离达拉斯后的某一天，威拉德·威塞尔问妻子：“你有没有注意到现在的房子前厅的灯都不亮了，这是为什么呢？”妻子回答说：“为了节省燃气费，人们都挤在卧室里了。”

这令威拉德决定采取行动。

常规方法宣告无效

威拉德先使用了常规的方法，试图告诉人们开着燃气更舒适愉悦，而且长期来看也比晚上关闭前厅的燃气第二天再打开更经济。燃气广告称，当人们晚上关闭燃气时，室内会变冷，第二天再次打开时就需要更多的燃气让室内回温。所以整晚不关燃气反而更经济。

但是人们并不买账，或者压根就不相信，要么就是根本不在乎。总之，人们对燃气的消费一减再减。

威拉德用起了冒险销售

当威拉德（和国内所有燃气公司）几乎无计可施之时，他发现了一个新法子。他从贝勒医生那儿了解到，当人们挤在一起时，感冒细菌特别容易传播。

他开始四处奔走，告诫大家“别挤在一个房间里”。他还告诉大家，如果不断地在过热的卧室和寒冷的前厅之间来回走动，温度忽高忽低，也十分危险。他开车回家时想到一句绝妙的宣传语：“为了健康，请打开燃气。”然后又凝练成:“开燃气，不感冒！”

他最终取得了胜利。人们终于不再像动物那样挤在窝里，而是回归了前厅。

这是一次典型的冒险销售

这绝对是冒险销售，因为宣传这个理念可能会事与愿违。但燃气公司实在是走投无路了，不会再有什么损失，只会获得意料之外的收益。

他们所呼吁的更经济的办法无效，呼吁更理性的消费也无人响应，但是呼吁自我保护和健康却给人们的思维定式当头一棒。于是他们回到前厅，重新打开瓦斯炉。

当威拉德再次开车出去时，终于能看到街道两边房子前厅的灯都点亮了。不仅燃气销量上升，人们的健康状况也有所改善。

所以我说，在山穷水尽之时，应该多一点冒险精神！

银行工作人员机智地运用冒险销售

你曾经收到过写着“余额不足”的账单吗？也许是你

由于疏忽忘记支付，或者你就是个信用不佳的人，可是谁能证明呢？

所以当一个聪明的信贷经理给你打电话时，不会直接指责你："你已经透支了，什么时候能把欠款还清？"这会让你难堪。所以他会过来问你："我是否还能为您处理支票业务？"

他用这样巧妙的方式促使你立刻去银行还清欠款，以确保支票不会再被拒支。这也是以逆向思维进行销售的手段，且风险非常低。

这家伙冒了更大风险

我认识一个房租收账人，他很少用逆向思维语言，但是在销售态度上比较积极。他在打电话、拍电报、发律师函均宣告无效后，确定自己已无计可施，只好亲自登门。他走进别人家里，一屁股坐下，点上一支雪茄，跷起二郎腿，说："我来跟您聊聊，顺便来取支票！"

人们通常会赔着笑，然后赶紧给他开一张支票。因为他这落座、点雪茄、跷二郎腿的架势表明他不聊完天、拿到支票就不会起身离开。

危险吗？有点，因为有的人不喜欢别人上来就开口要支票，但是“聊天加支票”组合能降低危险系数。

我们总有山穷水尽之时

我们总有山穷水尽之时，此时退缩或使用温和方法毫无用处，就好像飞机没油时，卸空所有货物又有什么用呢？也只能选择紧急迫降了。

客户或是潜在客户总是死气沉沉的，而你却已退到了悬崖边上。你可以放弃这一单，去找好说话的客户做生意，但如果你还有勇气，就会继续攻关。你还有最后一次机会。有些行为可能会让潜在客户困扰、吃惊、愉快，甚至激动不已，你就得碰碰运气了。

威拉德试过了所有的方法，最后不得不让客户担心起自己的健康问题来。当然，这也是有现实依据的！信贷经理的常规方法都不奏效，所以不得不用逆向思维的话语，才让客户还清账单；收账人则亲自上门，“聊聊天，要支票”。

只有不走寻常路才能搞定；只有打破常规做销售才能搞定；只有靠在任何销售类图书上都找不到的方法才能搞定；直到你读到本书才能搞定。

在这个到处需要绝妙点子的现代社会，逆向思维、巧妙的话语和冒险销售皆可为我们所用。

当你山穷水尽之时，不妨有策略地冒个险吧。

注意

一旦涉及高度敏感的话题就是危险销售了。请避免涉及政治、宗教或任何有争议的话题，也不要涉及个人问题。

只是你的手术

面对客户时，请不要喋喋不休地诉说你的不幸，这并不能促使他购买。客户可不想听你说刚刚做过的手术、牙痛或溃疡发作，说不定还会让他想起自己的痛苦经历呢！请有技巧地说话，不要因愚蠢而让自己陷入危险境地。

不要过于激进

你当然得展现自信，但别用力过猛，就像你不能在土豆上撒太多盐一样。一点点就能奏效，但过于激进就会变得危险。

第十二章

当潜在客户说要征询合伙人的意见

这种情况下，潜在客户可能确有苦衷。但这也可能是他没信心做决定的表现，或者只是想快点摆脱推销员。你要学会辨别。

如果潜在客户说你得见见他的合伙人、妻子/丈夫或是别的什么人，那十有八九是他的托词。如果他确有苦衷，那他的合伙人一般有决定权。但大多数情况下，客户只是想踢皮球，摆脱推销员。

如果你山穷水尽了，已经尝试过很多次，知道他的合伙人是个无法攻克的难关，你毫无胜算，该怎么办呢？默默忍受？无所谓地耸耸肩？感谢他，然后接着做自己的事？

阿奇·亨特独辟蹊径

阿奇·亨特是西联国际汇款公司的首席金融家，他告诉我，在多次被“征询合伙人的意见”的说辞打发后，他能确定这只是一种敷衍，所以决定冒一次险。他说：“别告诉我您的合伙人连处理这么一件小事都无法信任您。”

这给冷淡的潜在客户当头一棒。这招儿看似危险，但像阿奇这样销售能力出众的人却能运用自如。他了解客户，知道这是自己最后的机会，所以他果断抓住了机会。“这招儿效果不错，值得冒险一试。”他告诉我。面对我的追问，他说：“至少我还没因此而挨过打。”

他继续向我解释为什么这个冒险销售的招数能够奏效。这句话会让某些客户感到震惊，也有些客户会惊奇于阿奇说这话时的胆量，也可能会激怒某些客户，他们会大喊：“你说我的合伙人不信任我，这话什么意思！你现在就可以为我们配备这套系统！今天就搞定！”

上门推销员的撒手锏

不好意思直接拒绝推销员的家庭主妇惯用的脱身计策就是“你得去问问我丈夫”。你可以试一试，看她是否诚恳。如果你感觉出她在敷衍，或者你不可能回访，一般只有一次上门机会的推销员就无所顾虑了。

来看看这位熨烫机推销员是怎么做的。他能让一位女士对他的产品感兴趣。她说这东西很方便，可是她加了一句“你还得说服我丈夫才行”。

可怜的推销员，当时可能站在前廊或是厨房，可能会同意再和她的丈夫聊聊，并留下自己的名片，让她丈夫联系他。这么做也许没错，但这位推销员却没有这么做。

他靠冒险销售成功卖出了熨烫机

过了几天，这位推销员又在另一家商场看到了这位女士，她再次表达了自己对这款熨烫机的喜爱。但她又说“你得去问我丈夫才行”。

这位推销员已经听过无数遍这句话了，他也知道应该怎样冒险出击，他说：“您丈夫每周哪天洗衣服？”

这位女士吃了一惊，告诉他家里是她负责洗衣服，而不是她先生。机智的推销员更大胆（但是很刁钻）地问道：“洗衣服的那天您腰酸背痛，而您丈夫可悠闲着呢！”

他等了一会儿这位女士的反应，才小声说：“要是有什么东西能让您丈夫在办公室里不腰酸背痛，他会跟您商量吗？”一边说还一边摇着头，这位女士也跟着他摇起头来。

有力的冒险销售

这位女士开始看到自由的曙光，不用经过丈夫的同意就能按自己的意愿买东西了。推销员说这些话是有风险的，但经验告诉他风险并不大。提出“他会跟您商量吗？”这个有趣的问题很可能让女士下决心入手。

接下来，为了加强这句话的效果，推销员又补上一句，说：“您丈夫一定对您的判断力很有信心，对吧？”随即又点头诱导这位女士跟着他一起点头。这位女士抬起头说：“那当然。就这么定了，小伙子，把熨烫机寄给我，把账单寄给我先生吧。”

关键在于怎么说

根据一句话中字的重音不同，一句“我没说他偷钱”就有6种表达方法。要想告诉一个女人她能说了算，也有多种方式。

熨烫机推销员带着温柔的微笑，目光炯炯地质疑了那位女士的判断力，所以他的客户并未感受到冒犯。

他知道自己的处境，也知道让他去征求她丈夫意见这种推托的老套路。他只说了几句深思熟虑后的话——“您丈夫每周哪天洗衣服”“您丈夫一定对您的判断力很有信心，对吧？”就省下了几小时征询她丈夫意见的时间。

他质疑那位女士购买的决定权，而她果然受了刺激，决定买下。

这不是强制推销，而是以人之常情做销售。他只是告诉那位女士，既然丈夫能按自己的意愿把办公室布置得很舒适，那她自然也可以从方便的角度出发来操持家务。

第十三章

如何转移话题

这能让妻子少买一件新皮草。这方法有时能奏效，但我可不敢打包票。

如果发现情况不妙，最好暂时转移话题，给大家留出喘息和思考的空间。当客户攻击你时，你得赶紧转移炮火。当然，你也可以收摊走人，但那就是认输了。

最聪明的做法是换个话题，换个客户擅长的、感兴趣的话题，或者换个能转移他注意力的热门话题。

看看这位推销员是怎么做的

要打断客户、朋友甚至妻子的话，可以用上一个简单的商业诀窍：要一根火柴。

对方伸手拿火柴时就自然停了话头，甚至可能停止思考。大多数情况下，他得翻找一会儿，甚至可能还得起身去拿。这对你来说是件好事，因为这可以让他把注意力从你这里移开。

或者给他递根烟，帮他点上。这种有礼貌的举动能让他放松。妻子常用这招儿使丈夫不再纠结于那些烦心事。仔细回忆一下，你是否也被这样对待过？

这样做对女士也有效

你是否尝试过让大胃王女友或妻子在餐厅少点几道菜？我想很多销售人员都遇到过这种情况。有一个解决的方法，那就是把菜单递给她，说："我们肥嘟嘟的小鸽子今天想吃点什么呀？"

我不敢保证这么做一定有效，但在恰当的时机对某些人这么做还是挺管用的。至少，在人人注意保持身材的今天，这法子还是值得一试的。说不定能让她把目光从菜单转向窗外的海湾，这样你就可以省下一笔！

让她少买一件皮草

同样，这招儿也适用于一般的社交场合，使用商业诀窍，偶尔冒个险对朋友（和妻子）特别有效。我们要对故事主人公的身份保密，让我们看看他是怎么说服太太不买皮草的吧。

经验告诉他，如果称自己没钱，或者说“旧的那件有什么不好吗”，都太没新意了，太太也早就能应对自如。所以他要说得更有技巧些，风险也就更高。

当太太突然说要买件皮草时，他马上表示赞成。“这让我显得有些可疑，”他笑着说，“但她查了岗，发现我一晚都乖乖在家，所以准备出门。”

他还提前 10 分钟做好准备，用他的话说：“免得她以为我反悔了，那样她会失望的。”

下一步很危险

“我带着她走向皮草区，”他继续说道，“这样她就不会以为我不情愿。要是碰上个朋友，我还会向他指指我太太，说我要帮她买件皮草大衣呢。”

接下来，这位先生耐心地坐着，微笑地看太太试衣服，似乎兴致不错。他就这样慢慢让太太卸下防备。太太还自言自语起来：“也许我一直以来都错怪他了。”

这就是冒险销售关键的心理时机了。他故意斜眼看了一眼太太：“玛丽，这几件大衣都挺漂亮。可你不觉得显得臀部有点宽吗？”

“说这话要冒很大风险，”他说，“但一般都能奏效。十有八九她最后会买一件雨衣了事。”

起身离开

冒险销售的方式多种多样，如聊及他人的外貌、体重或他们敏感的事等。

但是我这位朋友在对太太使用冒险销售法时，已没什么可损失的了，倒是可能省一大笔钱。

在销售会谈时找准时机站起来说“我没什么话可说了”就挺冒险，但一般也很有效。

突然离开通常能让对方态度缓和，他会让你归座，进行更全面的磋商。

“起身离开”是联盟主席和老板惯用的技巧。

在商谈中的某个恰当时机，总会有一方离开，他嚷嚷着：“我们这是在浪费时间！”

不仅要知道什么时候到达合适，更要懂得什么时候该离开，离开往往比到达更重要！

第十四章

这就像打球和击剑

魔术师为了不让观众看到他右手的动作，会用左手来吸引大家的注意力。这招儿在销售中叫作障眼法。

重达 2000 磅的公牛正向斗牛士冲去，在这关键时刻就看斗牛士的表现了。只见他左手晃动着红布，用左手的小动作吸引住公牛的目光，却用右手刺出一剑。

斗牛士得分了，他成功将自己“销售”给观众，欢呼声不绝于耳。他对公牛采取了“反常规的手段”，结果他成功了。

适用于一切竞技运动

台球手连击两球，却意在第三球。有时很难跟上他的思路，当你看清他如何击败对手时，他已经成功了。

拳击手左边虚晃一拳，却用右手给对手一记重击。观众就“买”这种虚晃一枪的手段。足球运动员假意过人，却突然掉头转身又追上了球，射门得分。棒球运动员假装要本垒打，骗对手放松警惕，却突然来一个短打得了一垒。

生活的方方面面都有“反常规的手段”的存在。

冒险销售也是一样

一个骗子在卧铺车里假装无意间提及他“找到”了铀这件事。他将时机把握得很准，很快就会有一两个“朋友”来问他手上有什么货。这就是用“反常规的手段”进行饥饿销售。他转身离开，不愿多说。按书中所教，他故意不卖弄他的销售能力，直到你放松警惕，他才杀回来。

你不够自信，只是个本分的推销员。但你知道，突然转身离开，表现得很冷漠，或者装出拒人于千里之外的样子，对销售大有好处。凯迪拉克就曾验证过这一技巧的效果。运用杰克·罗氏和唐·阿伦斯的销售技巧，凯迪拉克超越其他所有厂商，成为美国民众心中的汽车行业的最高标准。不去主动迎合消费者，而是像个东方王子拒绝记者采访时那样高高在上，这就是典型的“反常规的手段”。

有些是障眼法

你知道什么是whizzle吗？它是由wheeler和sizzle组合成的新词。这个词的含义难以用语言来表述，只能结合例子来解释，就比如红色抽屉显得温暖，而蓝色的游泳池显得清凉。蓝色的清凉和红色的温暖都只是假象而已。

就好像苦味儿的药会让你感觉比甜味儿的药更有效；又好像魔术师戴的高帽子，这让他看上去很有魔力；又好像你会觉得字体潇洒的律师比字体小气的律师水平更高。

世界万物皆有障眼法

刺激是你在当下能获得的实实在在的好处。而障眼法则是一种幻觉，就像擦鞋男孩用的擦鞋布。他只是用那块布装装样子，甚至可能都没碰到你的鞋，但你还是觉得鞋子比之前干净了。

障眼法就是理发师在离你脑袋 6 英寸的地方咔嚓咔嚓剪个不停，你却觉得他技艺高超，甚至觉得剪刀动得越快水平就越高。障眼法就像管家的风度，能感觉到，却见不到。你给潜在客户的感觉通常与你的实际语言和行为同等重要。

障眼法可以刺激销售

障眼法可以让最难缠的人认真对待你，让他感觉不能随便吓唬你、欺骗你，更不能像对待别人那样纠缠你。他甚至弄不清楚是什么让他气势矮了一截，但他一定能感觉到你不是个随随便便就能被打发的人。

障眼法就像女孩洒的香水，能让她比实际更动人；或者是医生戴的厚厚的眼镜，能让他显得更像个科学工作者；或者是推销员提的公文包，能让他看上去像个销售明星。

你生活中的障眼法又是什么呢？你能给别人留下什么印象呢？你能好好利用吗？或者你的障眼法并不高明，需要加以改善？请找出你自己的障眼法，这能影响他人，让他们说“他看上去很专业”或“他可能是个销售明星，但看上去真是个傻瓜”。

找到你的障眼法，你就离成功不远了。

用障眼法搞定最难缠的人

仔细研究这个难缠客户的资料。他的性格如何，做过什么事？你觉得用什么障眼法或刺激手段能让他不那么固执，或能拍好马屁？仔细研究，尤其注意他在哪儿失败过，这样你才可能成功。问问别人他的言谈举止，然后像个运筹帷幄的将军一样计划如何接近他，拉拢他，最后搞定他。态度要温和而坚定，甚至准备好屈服于他，直到他一拳捶在桌子上，说你完全误会了。接下来就可以按你的套路行事了。但在他企图控制你时你要掌握局面，然后给他施个障眼法！

将障眼法纳入你的销售工具箱

障眼法是医院的白墙，虽然黑色并不比白色脏，但白色却会让人感觉医院很卫生。障眼法是马提尼中的那颗橄榄，是曼哈顿鸡尾酒中的那颗樱桃。障眼法也是约翰·卓尔基销售的T恤上哈撒韦先生眼睛上的绷带，是史威士准将[1]的胡须，这些设计都是为了营造一种幻觉。就像在“上万美元套餐”中加入芝华士威士忌，只是为了营造高端大气的感觉。

你可以给你的领带、帽子、发型、走路姿势、待人方式上加点障眼法，这样可以让粗野的人、没涵养的的人乖乖就范。

柯特冒险销售点券

店主通常不愿意和带着公文包的推销员谈生意，所以“顶级企业”的柯特·卡尔森干脆把销售材料装在超市购物袋中。伪装好后，他信步走入商店，老板立刻迎了上来。当柯特在剑桥城的哈佛大学附近做推销时，就会用胳膊夹着销售材料，装成哈佛学子的样子。如此装扮后再走进商店，就会受到热情接待。

① “史威士”是一个古老的饮料品牌，创建于18世纪，有230多年的历史。1969年，史威士与吉百利合并，成立吉百利史威士集团。2008年该集团分裂，其美国分部组建为饮料巨头斯纳波集团。“史威士准将”是其品牌的一个广告人物形象，有浓密的胡须。

柯特的同事杜鲁门·约翰逊一直不得要领，直到有一天他带着一份特制的保险方案去拜访客户，说："我有一份免费的保险方案，可以涵盖偷窃、竞争对手的行窃和女性在其他地方购物造成的损失。"过了一会儿，他又鼓起勇气说，如果商家敢打开这份方案，营业额就能提升 25%。

这是冒险销售吗？没错，但只要想到这些推销员曾被拒之门外，用这方法却能拿下订单，那么冒点险还是值得的。

吸引客户的眼球

击剑选手会以退为进，优秀的推销员也应掌握这一技巧。应该在客户探身触摸产品前把东西赶紧收起来。在客户打算伸手拿合同时，推销员应赶紧把铅笔和合同收起来。

新英格兰地区的障眼法大师总是穿着深色的窄肩衣服，因为这能让他显得保守。而加利福尼亚州的推销员则喜欢穿宽肩衣服，这样能显得活泼时尚。他们都按照工作、地点和客户类型选择了合适的障眼法。他们会让客户的眼睛一直落在自己的窄肩或宽肩衣服上，从而刺激销售。

别混淆了

你不能打着花哨的领带去见一个几年来拒绝了所有推销员的银行总裁，因此你的着装必须得体。

当你去见一位职业高尔夫手时，可以穿上运动T恤，并把领口的扣子解开，这样才能符合他的口味，不然你的着装会给你减分。

可别用混了你的障眼法。

请小心选择合适的障眼法，这样才能说服讨厌且不断拒绝销售人员的客户。

仔细研究实际情况。别忘了，如果你能成功，那你赢得的不仅是之前失败者的仰慕，或是额外收入，同时也有美好的自我感觉：自己出色地完成了工作，从而对自己信心倍增。

第三部分

妙用激将法

第十五章

有时后退比前进更危险

霍勒斯·格里利的这句名言同样适用于销售人员。如果他们在一次销售行为中陷得太深，无法抽身，那就必须继续前进，否则就是胆小怯懦了。

当我们陷入一场激烈的争论时，后退比前进更愚蠢、更危险。有时，虽然我们心里明白“赢了争论，却丢了订单”，但还是忍不住要争论，尤其是在面对难缠的客户时。其他推销员深知这个客户满嘴跑火车、老谋深算、咄咄逼人，所以几年来都不敢与他交锋。在他用手指着你，点了你的名字时，你可以放弃这一单，默默离开，退出他的生活。他会因此而开心，因为他再次成为大赢家，而你只能卑躬屈膝。没错，此时你就是个卑微的人！

劳埃德·布鲁姆的责备

劳埃德·布鲁姆是一位助听器推销员。大多数客户都是来寻求帮助的，并且会接受他的专业建议。但是有一天来了一个难缠且自大的客户。她希望劳埃德能立刻接待她、重视她。然后她就开始抱怨起来，质疑劳埃德的专业水准，还说他是个庸医，品行不端，不靠谱。

她这么说是为了维护自尊，她认为一旦戴上助听器，就会显得特别老古董，与周围人格格不入，所以她把怒气都发泄到劳埃德身上。很多人都是这样，他们不想戴眼镜、戴助听器，不想做手术、做齿桥，出于自我维护的心理，他们会迁怒于医生或顾问。

劳埃德不能退缩，因此……

劳埃德用尽了书上的方法来应对这个客户：他好言相劝、给她鞠躬；在她责备时扭过头去；给她解释戴了助听器，听力能大大提高；给她看了名人，如伯纳德·巴鲁克、赫伯特·胡佛父子戴助听器的照片。

劳埃德还给她看了《生活》杂志上歌手约翰·雷戴着助听器的照片。但客户还是不依不饶，态度越来越恶劣，甚至开始胡搅蛮缠起来。最后劳埃德也绝望了，他知道客户准备起身离开。只见她掸掸裙子，向门口走去。要是在这时退缩，可太挫败了。所以劳埃德决定奋力一搏，冒险销售。他和那个客户一样，用生硬的语气说："喂，你要是不戴助听器，才显得格格不入呢！"

形势逆转

那客户突然怔住，满脸怒气，眼睛里射出愤怒的火焰，说："你说什么，我没听错吧？"

劳埃德说："虽然我很怀疑您的听力，但如果您听到了我的话，那您听得没错。"接着他又重复了一遍，说她要是不戴助听器，才显得格格不入。因为她为了听清楚，常把手放在耳边，或歪着头把一只耳朵凑向别人。

"所以您在朋友间显得像个异类，"又是一记重击，此时劳埃德清楚自己已经控制住了场面，"要是戴上助听器，您就可以舒舒服服地向后一靠，听别人说话了。过了第一次，您的朋友们就不会注意，甚至都看不到您的助听器了，您也就能融入他们了。”

最终，那客户一言不发地买了一只助听器，而劳埃德又卖给她一只。“万一那只坏了，用这只应急。”说话时眼里闪着光彩。

并非不能后退，但要选择正确时机

什么时候该后退？什么时候该拒绝贺拉斯式的居高临下？当然，海军是永不退却的。他们只会“在后方养精蓄锐”。当潜在客户真诚地希望晚一点再“好好谈谈”或“问问董事会的意见”时，你就得后退一步。

作为销售大将，你应该在恰当的时机后退。“下令撤退”的心理非常简单，你不可能回去问他：“您改主意了吗？”对方只会直接生硬地回答：“没有！”你也不能回头去问：“我想您已经准备好下单了吧？”这是默认他已经改了主意，有主见的买家通常很讨厌这样的问法。

回访的心理

如果根据你的经验，认为是时候撤退了，以便下次回访，那你就后退吧。但是要先用“惠勒要诀”之四，即不问“要不要”，而是问“要哪个”的法则，和客户确定具体的回访日期：“下周二您能考虑好吗？或者我们约在下周三上午 10 点？”

只要有可能，就把时间确定好。如果无法确定，就说你下周二或下周三会再联系他，确定一个时间，“以便了解您的决定”。回去之后，不要轻易发问，以免得到否定的回答。

你可以说：“上次您说要问问合作伙伴，您说服他了吗？”请记住，承担说服任务的是他而不是你。

你也可以说：“上次聊天时，您提到目前资金不够投资新产品，是吗？”当然，他和你都会承认这一点。这就是一个好的开头，因为你们取得了一致。

下面请一锤定音

吸取上次的教训后，下次再来拜访时请带点新鲜的或更详细的东西，这样才能有效应对客户的异议，让客户改变主意。

比如说：“您说资金有些紧张，我把情况跟公司反映了。

公司说您的信用状况良好，所以他们可以给您提供融资计划。您看看……”

你不能问他有没有筹到钱，而应该提供一个他能体面接受的计划。

给他面子——就能让他振奋。

让他振奋——就能促成订单。

促成订单——就能成就自己的事业。

在冒险销售中，后退的时机与加把劲儿的时机一样重要。

冒险三步走

这些方法对于销售新手来说风险很大，但对于销售高手来说，却是反败为胜的绝招儿。

第一步：

冒险销售能获得面谈的机会——如果连面都见不上，就谈不上销售了。

第二步：

冒险销售可以让盛气凌人的客户注意你——在引起他

注意之前，你没法提及订单，甚至不能冒犯到他。

第三步：

冒险销售可以化解客户的拒绝，拿下订单——到这一步，就能让吝啬的客户掏出钱包，心甘情愿地付款了。

第十六章

争取面谈机会

美国航空公司和琼斯曼威尔公司的明星推销员是如何获得面谈机会，从最难搞定的客户手里拿下订单的？

对销售人员而言，关键是能获得面谈机会。如果连面都见不上，推销自然也就无从谈起。强硬的销售风格通常能获得面谈机会。几天、几周、几个月甚至几年来，你一直不断地敲门，但得到的回答永远是："琼斯先生不感兴趣。"你该怎么办呢？要么放弃，要么紧追不舍，又或者，找到一个冒险销售的方法——几年前一个美国航空公司的推销员就是这么做的。

他通过秘书获得面谈机会

一位推销员问同事谁是最难搞定的客户。

“就是那些你们最后一定会放弃的人”。

他还是个新面孔，因此直接找到秘书，语气生硬地说：“请转告琼斯先生，我要和他谈谈他上一次乘飞机的经历。”他把名片递给秘书，就转身找把椅子坐下，还脱下外套，表示自己一定会进那扇门。秘书倒是想问他几个问题，但他已经背对着人家了。秘书会想：“他一定是个有身份的人物，不然就是和老板有要事商谈。”于是给老板打了电话。

老板也十分疑惑

老板也不知道他上一次乘坐的航班有什么问题。他的思维开始游走，也许是有一面之缘的人与他有事相谈。所以他放下手头的工作，告诉秘书：“让他进来吧。”

这听上去是靠耍花招儿来获得面谈机会，其实不然。因为这位美国航空公司的销售精英能证明他的所作所为。他说：“您上一次乘坐我们公司的航班时是用现金支付的，而且多付了3.5美元。”老板惊愕地拿回了3.5美元。

其实也没那么危险

接下来，这位推销员向客户介绍了他们的旅行卡，持卡乘坐往返航班可以打九折。这位客户几年来一见到航空公司的推销员就赶，所以一张旅行卡也没有。既然上一次坐飞机多付了3.5美元，这次他当然很乐意了解旅行卡的作用，索性办了一张。

如果这位推销员确实有欺骗行为，他肯定会被赶出去。但他的下一步行动非常明智，给了客户他想要的东西。“现在公务缠身的销售主管们出门都会带着旅行卡。”这位推销员最后说道，“这种卡很方便，又省时又省钱。”

开场用到冒险销售，虽然有风险，但效果显著。

开场白中不能有欺骗

为了进入客户办公室或家里而进行欺骗和带有一些风险的合理销售行为有着本质区别。如果谎称自己在做调查或是来自当地的燃气公司，这些做法虽然能让你进门，而一旦被拆穿就会很麻烦。你用这样的谎言固然能进门，可是然后怎么办呢？不管你说得多快，还是立即会被赶出去。

因此，你不能用欺骗手段去见一位难得一见的客户，而要使用带点风险的技巧型销售方法。

琼斯曼威尔的推销员

一位琼斯曼威尔公司的推销员向销售主管要了一份附近的木材商的名单。这些木材商都很不好对付，要么一口回绝，要么就让他们公司的推销员吃尽苦头。看到这位推销员如此积极，主管大悦，就挑了几个难缠的客户，把一份名单给了这位推销员。

他推销的产品是岩棉隔温材料。他沿着街道走着，一旦看到哪家屋顶上没有积雪就会上去敲门。“我是琼斯曼威尔公司的，来看看您的屋顶，我发现您的屋顶上没有积雪。”

那位潜在客户手里拿着报纸，因为被打扰了而有些不悦。但他还是好奇地走到院子里，抬头看时发现屋顶上确实没有积雪，他一般会问:“那又怎样？这有什么问题吗？”

诀窍在这里

这位推销员用冒险销售让潜在客户在大冷天走出房门，但他很有诚意地跟进："您看，您邻居的屋顶上都有雪，这说明他们的暖气费比您少 15%。您的暖气费看来很高啊！"

推销员又带着潜在客户走回屋子，向他解释说，因为他的屋顶上没有隔温层，热量很容易从屋顶散逸出去，使雪融化。他开始时耍了个花招儿，随后的销售行为却非常正当合理，虽然有风险，却并非愚蠢的冒险。在这位琼斯曼威尔公司的金牌推销员之前，这位固执的客户已不知在其他推销员面前摔了多少次门，所以这位推销员自然想利用好宝贵的机会。

当一无所有时，冒点险吧

当客户再次砰的一声关上了门，当常规方法对秘书均不奏效时……

当糖果盒都没有用，甚至那句"琼斯先生，您孩子学校的老师让我来见见您”都失败了……

当老板给你一大沓名片，告诉你：“从没有人能搞定这些客户……”

当你需要还车贷，想要一套新西装，或者想多赚点钱带妻子去度假……

如果你遇到上述情况，但你还只是一名普通的推销员……

你就要不再因循常规，要敢于做冒险销售。

想点法子，可以通过电话、秘书或门卫得到与潜在客户见面的机会。你可以在法律和常识允许的范围内让他惊讶、让他气馁、让他困扰，或者随便做点什么，但要让他意识到你的存在。

这是你最后的制胜机会

你用常规的 10 秒钟开场方法无法吸引他的注意力，要知道，他已经拒绝了销售教科书中所有的实用销售法，所以忘了书本吧。不妨模仿美国航空公司或琼斯曼威尔公司推销员的销售方法，再去面对你要挑战的巨人。

这种方法在电影中奏效过，在这条大街上也前前后后奏效过多次。

有个推销员在最后一次机会中说："我带来了史密斯先生的死亡证明，请让他来取。"天哪！对待这样的客户，这是何等管用的办法！

不妨采取我的朋友欧文·桑德斯的建议：

"确实，当你退无可退，不可能再有损失时，不如挑战一下你的销售功力。如果你能拿下一个别人都无法搞定的订单，那感觉简直棒极了。这都要归功于你抓住机会，做了一次漂亮的冒险销售。"

"通缉令"法

下面我来讲一种看似危险的销售方法，但只要运用得当，就会变成一种非常精彩的冒险销售。

一位推销员走进一家从不理会推销员的商店，快步向店主走去，匆忙掏出一张通缉令。

"这个女人来过你们店吗？"推销员问道。

当然，店主说没来过。推销员继续说："如果您能在店里抓到她，您的销售额就能增长25%。我来告诉您怎样才能抓住她。”

这位推销员之前在销售台词研究室制定了一套搞定这个客户的方案，这一招儿真的立刻吸引了店主的兴趣。

我们为某客户制定的保险方案也是一样。推销员直接找到潜在客户说：“克罗格超市希望您买下这份保险，可以保各类盗窃，而且还是免费的。”

这份保单用的措辞既有趣又有说服力，明白地告诉潜在客户，这套方案如何保证他不蒙受损失。

要是潜在客户不买这份保险，后面还有“丧葬条款”等着呢！

第十七章

唤醒顽固不化的潜在客户

只有硬碰硬，才能搞定坏脾气先生。为什么潜在客户会固执己见，听不进推销员的话？

要想唤醒潜在客户，方法很多，但归根结底就是两点：

1. 如果潜在客户对你的产品介绍感兴趣，你就直接讲。

2. 如果潜在客户对你所讲的内容不感兴趣，甚至发脾气、不礼貌，或不停地打断你，就要用到冒险销售的策略了。要是他最后购买了，那就成了你可以炫耀的战绩、钱包里的钞票了。

关于第一种销售法的图书已经很多了，但就我们目前所知，还没有人写过关于对付第二类潜在客户的方法。这就是我写作本书的主要目的。

摆平坏脾气先生

他的脾气不好，经常语带讥嘲。而你躲过了他的讽刺、他的谎言、他的侮辱性语言，却还是一无所获。突然，你不再是一个和颜悦色、积极热情的推销员，而变成了一个好战的勇士。你以毒攻毒，以恶制恶。

你能有什么损失呢？这家伙正以打击你为乐呢，所以你下定决心，是时候进行冒险销售了。既然他在冷笑，那你也冷笑。既然他说："你为什么说这东西不错？"那你可以反击他："那您为什么说这东西不好呢？"他要是说比尔·琼斯的产品更优质，你可以说："比尔·琼斯的产品有什么了不起的。"他要是出言讽刺，你就反唇相讥。

他在你面前不屑地挥挥手："你们这些人都一样，总是说大话。"你就顺势反驳说："正是因为有您这样的人存在，我们推销员才会这样说话。"他要是提高嗓门，你也大声说话，要有勇气。

了解对手

当然，在使用这种高级讽刺销售技巧前，你要先了解对手。一般而言，打击推销员的客户就像一头困在牢笼里的狮子，要有一个态度强硬的人拿鞭子抽它才能老实，所以你的赢面很大。你的鞭子就是你的个性、精神和勇气，或者说，就是你自己。

一开始你可以表现得谦逊温顺，装得眼神忧郁甚至胆怯。让对方先挥舞鞭子，前提是你认为这能让他自我感觉良好，并最终能帮你获得订单。如果你觉得这样有助于最后拿单，就让他抽两下吧。只要不过于伤自尊，这种方式可以接受。

但如果你感觉受再多打击也无济于事，或者说你实在听不下去了，就试试冒险销售，狠狠回击！

展现你的勇气吧

我从不建议销售新手突然发火，展现他的勇气，因为他很有可能在客户稍有质疑或刚开始和客户争论时就发怒。

要知道，销售过程中往往会出现激烈的争论。

但如果每次拜访时均有争论，而且还有愈演愈烈之势，那你就明白向对方发火是有意义的，可以向他展示你的勇气。

到了这一刻，你可以拿起帽子，像他一样捶桌子或把雪茄凑近他的脸。

他为什么会这样

潜在客户做出上述表现可能有以下原因：

1. 他可能见什么都忍不住想买，所以才故意装成这样，来掩盖自己的弱点。不管是和你争论，还是把烟喷到你脸上，都是为了避免买他不需要的东西。据说，如果你能走进门上挂着“推销员勿扰”牌子的房子，其中90%的人都会买。胡佛公司的前雇员沃利·鲍威尔曾证明过，人们挂这样的牌子只是为了保护自己，他们的精神很脆弱，不管推销员来推销什么，他们都会买。

2. 他在家里或在公司同事面前像个小兵，所以才会在推销员面前摆出将军的架子，靠这个来找心理平衡。他只能利用这个机会来表示自己说了算，他就喜欢看着推销员对他如同他对老板或老婆那样俯首帖耳。

3. 他对自己的判断力不自信，所以他宁愿不买，也不想买错东西惹上麻烦，或给会计、公司惹上麻烦。所以他放起了烟幕弹，其实只是为了掩饰他缺乏判断力。他的座右铭是："有疑问，就争论！"

4. 他非常害怕丢饭碗。他担心自己买得太多，或者买错了东西，以致被炒鱿鱼。所以他讽刺、侮辱推销员，希望自己不要出手，这样也就不会惹上麻烦。他的座右铭可能是："什么都不做就不会犯错！"他的逻辑是：如果他没有买任何可能会带来麻烦的东西，怎么可能造成损失呢？

5. 他是"万事通"。他从底层一步步爬上来，对一切推销免疫。他认为"按常理办事就行"，所以他认为这对销售工作也适用，得好好整治一下这些推销员才行。他的座右铭可能是："这些我都懂，别想忽悠我。"

面对只想好好工作的推销员，客户和潜在客户可能盛气凌人，表现得像个国王，或者拼命打击推销员，这背后的原因是多种多样的。

对付以喜欢打击别人为乐的人

对付“万事通”，就得承认他知道得很多，并且向他请教。他可能不再像开始时那样羞辱你，而你得放低声音，表现出有求于人的姿态。但如果这招儿不奏效，就得硬碰硬了。记住，一旦猫改逃为追，就轮到狗逃跑了。

那个一辈子只会说“好的，先生”的胆小鬼突然发起脾气来，抓起衣帽，冲老板嚷嚷“去死吧”，反倒能获得老板等人的注意和尊重。所以，当你看到一个老实巴交的采购员担心被炒鱿鱼时，请向他保证你的产品能让他有至尊体验。但如果这招儿不奏效，就激怒他，再加一把火，心中祈祷他能有所反应，买下东西来证明自己。

至于那个只听老婆话的人，就先奉承他一会儿，如果实在无计可施，就像他老婆一样逼着他买吧。

如果他缺乏判断力，就尝试肯定他。如果没用，就以毒攻毒。用愤怒反击他，唤醒他，这样他才能敲定订单。以上就是处理这些常见情况的冒险销售方法。

销售台词研究室

一开始你会脸红，认为这是过度运用了冒险销售理念，但如果你再仔细阅读下去，就不会这么想了。

推销员手拿一份文件，匆忙走进商店，直接找到经理并告诉他："我给你带来一份传票。"老于世故的潜在客户吓了一跳，但当他读到"您的营业额将增长25%"时就放松下来。当然，这份"传票"上还得加上我们销售台词研究室为客户准备的其他有趣的内容。

请记住，冒险销售成功与否的关键就在于时机、方式和对象。

第十八章

冒险销售让订单起死回生

下文为4个常见的敷衍套路和处理方法，以及在初次拜访时就拿下订单的办法。

你已经在对付难缠客户的课程中制定了作战方法，也尝试了以毒攻毒、以恶制恶，终于让客户冷静下来，准备听你说话。但他还是不愿意签下订单。为了最后捍卫自己的判断力，保住他的工作，或只是想继续刻薄下去，总之他就是要让你束手无策。

他还有最后一次机会让你卑躬屈膝来满足他的傲慢。他确实愿意再听听，可是却有一千零一个理由等着你，告诉你他不会签单。以下就是他最常用的借口以及应对方法。

"你要的价格太高了"

你得告诉他"能多用几年，价格就显得不那么高了""不需要怎么保养，所以其实没那么贵""比较省电"，等等，来说服客户你的产品价格其实并不高。

你可以告诉他，虽然你的车蜡卖 2 美元一罐，而其他车蜡只卖 68 美分一罐，可是你的车蜡可以上 4 辆车，平均一辆车的花费是 50 美分，和 68 美分一辆车的花费相比还是比较低的。你还可以用常识和逻辑告诉他，人们终究会忘了价格，但品质却一直都在，或者告诉他便宜货的维修和服务费用更高。你可以把在销售手册或书上看到的知识一股脑儿都倒给他。

如果以上方法均不奏效，就到了针锋相对的时候了。你不妨添把火，略带嘲讽地说："如果您愿意在后续服务上花更多的钱，就买便宜的那款吧。"对于他的大喊大叫，你也可以嚷回去："虽然您只想要便宜货，可您的竞争对手购入的却是不需要后续服务的优质产品，然后卖给那些讨厌后续服务、喜欢高品质产品的消费者。"你还可以挑衅他："您可以去问问你们的销售人员，看他们是想卖那些带来一大堆麻烦的便宜货，还是我这种高品质的产品。让他们替您来决定吧。”

你还可以这样出击，让他理性思考：“去问问您的客户是想要价廉还是质优吧。问问他们是不是想用稍微高一点儿的价格获得更好的产品。采购权应该在消费者手里，而不是您手里！”

如果你好声好气地讲道理没有用，就像个职业拳击手那样，狠狠地还击，反正你也不会再有什么损失了！

“我再考虑考虑”

你可以告诉他没关系，还可以说仓促购买的人往往会后悔，说他确实应该好好想想。认同他的做法，但要告诉他，在他考虑的过程中请多想想每次采购为他积累的声誉，确保他每次都会采购到正确且优质的产品。他会感觉如果听取了你的建议，自己就像个英明的国王。

当然要让他想一会儿，不过只能给他几分钟的时间。

你可以说：“好好考虑一下吧。一两分钟后，如果您觉得还不能敲定，请告诉我。”

但如果这招儿不奏效，你觉得自己离开后他压根不会仔细考虑，或你知道这只是他想摆脱你的惯用伎俩，那就可以说："就在您浪费时间深思熟虑时，我都可以把产品卖给您的竞争对手了。我想您一定不希望这样吧？"或者说："就在您用几天甚至几周时间考虑的时候，您的收银机一定急得发疯了。想必您的顾客买不到这么好的东西也会不悦吧。"又或者："您当然可以再考虑考虑，但是也别忘了，在您思考的时间里，我会做些什么。我不得不再去从您的竞争对手中找一两个能快速做出决定的买家。"

如果客户想考虑考虑，尤其是面对大订单时，这没什么问题。但如果你觉得他会没完没了地考虑下去，或者他之前说过这句话，那么即使刺激他做出决策又会有什么损失呢？

"我得和合作伙伴谈谈"

客户想先和合作伙伴、丈夫、妻子或董事会商量一下也很正常。如果他说话时语气平和真诚，那就让他们先商量一下吧："好的，没问题。我想您和他们商量之后，一定会更加坚定地来签单的。要不我下周一上午或下周二下午再来一趟，听听你们的决定？"（"惠勒要诀"之四）

如果可能的话，你还可以说："没关系，为了帮您节省时间，省得您费力再去解释，是否可以由我来回答他们提出的问题呢？"这就是不错的冒险销售。

但如果你经常听到这个借口，说你还得再过一关，那就强硬地回答："贵公司的管理层应该对您有这份信任吧？他们应该会尊重您的判断吧？"

或者再添把火："我想您可能对自己签下这个单没信心。"或者用老套路："您难道没有签单的决定权吗？"或者："难道董事会不相信您的能力吗？"

"我晚点再买"

不妨试试常规的回答："有什么可等的呢？"或是："既然您想晚点再决定，而我已经在这儿了，那我就把订单先放在这儿吧。"这样可以测试出他这么说只是个借口，还是真的有什么原因需要晚点再买。可以问问他："史密斯先生，为什么您想晚点再买呢？也许我现在就能帮您解决。"

他可能需要钱，这个问题很好应对。或者他就是想慢点做决定，那你要给他信心，让他相信自己做了正确的选择，判断得也很准确。但如果这只是一个敷衍的借口，那就得采取强硬态度了。你可以质疑他的判断："我想您没法果断地决策，对吧？"他可能会这样回应你的挑衅："你这话什么意思？把订单拿来！"

对他使激将法，你会有什么损失呢？

研究你的买家，并量体裁衣

你的经验越丰富，就能越快判断出客户拖延的理由是否合理。

如果暂时不签单的理由是诚恳的，那就接受这个理由，以后回访。

但如果你能根据经验、直觉或以前打交道的过程判断出他只是想摆脱你，并没有购买的意愿，那么刺激一下这个贪婪的人又能有什么损失呢？

第十九章

愤怒也能带来成交

愤怒分为两种：一种会变成小石子，另一种会变成珍珠。下面我们就来讲讲如何辨别这两种愤怒。

伦敦有一家给胖男孩提供低卡路里食品的面包店，老板叫莫里，他经常讲一个关于蚌的故事。他说要想让蚌产出优质的珍珠，就要激怒它。你越激怒它，它磨出来的珍珠品质就越好。激怒的程度越深，珍珠就越大。

莫里指出，另一方面，如果激怒的方式不对，蚌就只能产出小石子或硬块。重点在于，在合适的地点、合适的时间恰当地激怒对方，就能产出能卖好价钱的珍珠。

来看看摩托车手的刺激

只要听听摩托车手鸣笛的声调、音量和时长，就能知道他的怒气有多大。如果只有轻微而断断续续的声音，那是他在礼貌地提醒你，绿灯亮了；但如果音量很大，那是说你太磨蹭了。所以在他小声提醒你时你就该赶紧加速，这样他就追不上你了。

他轻微地刺激你一下可以让你做出反应，但如果过分刺激，就不会有什么好结果了。你也要掌握如何适度地刺激对方做出反应，但又不能让他抓狂。

轻微的质问往往有效

采恩·考夫曼在销售时演技一流。他的丰富经验表明，一点小刺激往往很有效。比如他的旁敲侧击法。如果他发现你对产品真的一点兴趣也没有，就会挑衅你、嘲笑你、纠缠你，或用别的什么方法让你生气。

“先生，如果您买不起的话就告诉我，我借钱给您！”“也许您忍受不了看漂亮姑娘，或者您年纪太大，玩不了旋转木马了。”这就是他的挑衅方法，他就是要激怒你，让你出手购买。他并不是真的想让你和他吵起来，而是想激你证明他错了。

很多买家都会接受挑战，来证明推销员错了。

女士和秃顶男人

默片里经常会出现一行字——“请您脱帽”，结果总是无人理睬。于是他们用了更刺激的语言，说：“年长女士们就不用脱帽了！”结果呢？所有女性为了证明她们还不老，都摘了帽子！她们接受了这一挑战。

“人家会嘲笑您钢琴弹得烂吗？”也是一个老式的挑衅。客户通常会接招，报名参加钢琴课程。

“您不戴帽子比戴帽子看上去年轻 10 岁”，是一个积极的刺激，用于让办公室、电梯和其他地方的人摘下帽子。

“秃顶男人就别来了”，这是一个电车司机的伎俩，让所有人都快速上车。

一点点刺激性语言往往很管用。

他没有摔门

如果丈夫在争吵后去上班时摔了门，妻子一般都会接受这样的挑衅。她们常说："我倒要让他看看！"然后出门去买一顶新帽子或是一身新衣服，证明给丈夫看。

但是这个丈夫（当然我们不会透露他的名字）有一个新方法。他轻轻地关上门，让妻子担心了一整天："不知道他走的时候在想些什么？"到了晚上，就有一顿丰盛的晚餐等着他。

所以有的时候不能发怒、大喊大叫或是摔门，尤其不要对妻子这样。

小声说话也常能奏效

在激烈的争吵之后，取胜的秘诀却是降低音量，退让一步。不妨想想货车总得向后退一点才能继续爬坡，你也应该一样。降低音量，突然装出冷漠的样子，开始收拾公文包。耸耸肩，装出对这一单签与不签毫不在意的样子，就好像这一单不值得你这么努力，打算放弃一样。

如果你退缩了，那就完全没了胜算，不过后退和退缩可不一样。退缩的斗士只会获得一片嘘声，但是机智地退让一两步的斗士才有大将之风。所以你要学学后退的艺术：放低音量、拿起帽子准备离开，这能让对方缴械投降。突然放弃进攻可能会让他内疚，觉得自己很愚蠢或无助。

一边伸手去拿帽子一边说："我就不再打扰您了！"如果客户本来还在犹豫，一听这话一般会积极回应的。

"我们还是就此打住吧"也是一个好办法，能让还在犹豫的客户意识到你是认真的。

走到门口时

等你走到门口时，突然转身，可以用手指着对方，或者说一句能激怒对方的话。如果可以的话，再说几句安抚他的话，给他一个机会挽回颜面。

你不是因为失败而放弃，而是因为厌烦才放弃。这会让客户非常沮丧，他想战胜你，弄明白到底是什么让你厌烦他。

他的自尊心受了伤，所以他成了那个绝望的人。他要用签单来证明你错了。

在门口的最后一击通常带有挑衅的意味，此时的刺激对客户影响非常大，能把他的怨恨转变成订单。

第二十章

如何挑战买家的自信

如果你仔细观察，就能找到难缠的客户的自尊点在哪里。我们来看一个案例。

这个店主是这一带出了名难缠的家伙。他看上去就像一座铁山，像普鲁士战士一样举止生硬，只要一个眼神就能把一个初出茅庐的推销员弄得不知所措。

实际上，这个店主是对自己的判断力不自信，所以只能少买东西，以期少犯错。他拒绝一切新想法，眼神冰冷，举止粗鲁，让大多数推销新手从头到脚不寒而栗。

豪尔赫·卡斯塔涅达来了

豪尔赫·卡斯塔涅达来自墨西哥城，现任百加得啤酒公司的销售主管。他深知，要是用常规方法对待特殊客户，得到的只能是他万年不变的一副冷漠表情。

所以豪尔赫决定冒一次险，挑衅这位店主的威望、自尊，或用别的什么办法刺激他采购。当用尽所有办法后还是被客户言语客气却态度坚决地请出门外时，他突然放松下来，使出最后一招儿："店主先生，请告诉我您不买这一系列新产品的真实原因是不是担心您的店员卖不出去？"

这一击很致命，店主惊得下巴都快掉下来了，心想这个推销员怎么有胆量质疑自己店员的销售能力。店主很生气，想好好给豪尔赫展示一下自己商店的销售实力，为了证明这一点，买下了豪尔赫的新产品。

这种挑衅很实用

只要把手套掷向法国人的脸，就是挑衅他来一场决斗。为了颜面，他一定会应战的。

只要你挑衅店主或采购人员的决策权或判断力，都会给他们沉重的一击。只要你质疑他们的店或公司是否有能力销售你的产品，他们都会应声而起，证明你错了，以此挽回颜面。挽救的方法当然是买下你的东西。

如果你面对着一面密不透风的墙，就要寻找挑衅的方法。这时候你已经一无所有了，还能有什么损失呢？

哈撒韦的故事

这件T恤很贵。和其他T恤相比，它的下摆更长，使用了更大的裁片，而且质地更好，所以价格也更高些。

约翰·佐尔基告诉我，为了获得新客户，他就得让推销员做冒险销售。很多客户签下订单，因为他们希望能够独家销售这些T恤，以免竞争者出售一样的产品。这样，一年后他们就能把竞争者远远甩在后面。

在一个新城市签一家新店时，约翰和他的手下最后都会说一句："我敢打包票，你们一定会喜欢上我们的系列产品。而且一年之内，我们不会给街那一头的史密斯店销售权的。"店主激动地跳了起来，一年是什么意思？他想要永久的独家销售权。双方开始争论，情况似乎有些危险。但约翰根据经验判断这种争论只会提高订单量而已。

客户可能会取消订单。大多数推销员得到先前的小单就已经很满意了，但约翰的手下可不这么想。他们最后会说“一年”。就这么简单的一个词，能让店主卖力地推销他们的产品，以期签下更大的订单并最终获得独家销售权。

来自竞争者的挑战

敏锐的推销员很擅长应对客户的拒绝，也知道用客户的竞争对手来挑衅他们通常能收到不错的效果。

“尼曼·马库斯百货公司销出去不少”这句话可能会让一些小店主生气，说：“如果他们能卖，那么我也能。”

“梅西百货也在卖”这句话能用好几年，因为这话能激起许多店主的兴趣，或者让他们生气。无论他们的反应如何，这句话都能攻入他们的堡垒。

先找出潜在客户的竞争对手，获取竞争对手的销售数据，然后刺激他们去赶超竞争对手。

挑衅他们，质疑他们对自己销售人员的信心。

如果他们的销量落后了，提醒他们。告诉他们其他人已经超到前面去了。

让他们接受这一重大挑战吧！

第二十一章

该何时告诉客户他落伍了

告诉一个客户他落伍了看似危险，实则不然。下面就来讲讲你该如何措辞，以期最终拿下订单。

仅是想想要告诉一个客户他过时了，某些推销员就觉得可怕，可有时候这真是种不错的冒险销售。当然，你不能直接走到他面前，在他身边转来转去，然后突然用手指着他说："你落伍了！"但如果时机合适，这一招儿还是能出奇制胜的。

那么什么时候才是合适的时机呢？就是在其他方法均宣告无效之后。如果你碰到了一个自以为懂得很多、以打击推销员为乐的无礼客户，或是对自己的判断力没信心的胆小客户，又或是对自己现在的状况很满意的客户，无论是哪一种，只要所有方法都失败了，不仅这一次失败，而是一而再、再而三地失败，就是大动干戈的好时机了。

告诉他“你落伍了”

你已经确信他落伍了。你的新方法、新产品或新的销售理念能让他赶上时代潮流。你无法用正常的逻辑说服他。他回避你的新东西的理由多种多样，也可能只是由于他很固执。

你知道在他身上不会有什么好结果了，所以干脆在他最脆弱的地方制造伤害：“琼斯先生，您已经落伍了，赶不上时代潮流了！”他听了这话肯定会有所反应，可这不正是你所期待的吗？

可能会发生的事

你猜客户可能会暴跳如雷，把你赶出去，可他本来就打算这么做，所以你又有什么损失呢？

如果你面带微笑（或是假装非常严肃），他倒有可能大发雷霆，回敬你一句：“你这无知小子，凭什么这么说我？”

这难道不正是你想要的吗？你可以利用这个机会向他解释他的想法为什么已经过时了。你正好能和他纠缠一会儿，在他全神贯注的时候再讲讲你的产品，让他感兴趣，让他兴奋起来，甚至让他困惑。此时他的注意力会前所未有地集中。

好好向他推销吧

现在，你可以向他展示你那与众不同的新产品了，告诉他这种产品利润率很高，而他的产品已经过时了。

至少，他现在全神贯注，如果你的东西真的品质精良，且销路很广，让他不得不承认他的产品已经过时了，他的愤怒就会转变成兴趣，你就可以把一个毫无兴趣、说话不客气的客户变成买主。

成功往往来自交流的热度，有了热度才能造出橡胶轮胎和不锈钢。在销售过程中，白热化的交锋往往能促成订单。

你就是要吸引他的注意力

那些商场的采购专员和私营店主总是利用他们的买家地位折磨推销员，而你希望得到的就是他们百分之百的注意力。这些技巧和表演能在一般采购商身上奏效，在这里却无法获得关注，你必须出其不意，突然出击，力道要大，才能获得他们的关注，才能让他们真正听你讲话。

对零售柜台有效

西尔斯百货用一句“如果能节约一半刮胡子的时间，您愿意吗？”成功吸引了那些大忙人的注意，Barbasol剃须泡的销量一下激增300%。

站在柜台后面的你需要有快速吸引顾客注意力的办法，通常你需要用温和的语气撒个谎，刺激顾客排队购买。

“您一定想显得更时尚吧？”这句话能让女顾客感到惊讶，接下来就会认真地听你介绍这款新产品。

“你要是买了这款产品，就不会显得落伍啦！”这一击也很有力，必要时可以这么说。

“买了它，您的家看上去就不会太陈旧啦！”这也是一种能引起即将转身离开的顾客注意的温和手段。

不能无礼，但要语出惊人！

这其中差别很大。你的话虽然惊世骇俗，但如果你说话时面带微笑，语气真诚，看上去就彬彬有礼，依然能获得关注。

第二十二章

如果客户让你等了45分钟

你很想朝他的鼻子打一拳，但打人可是犯法的。下面就介绍几种销售技巧，不妨一试。

让推销员在冰冷的接待室里苦苦等待已经是很无礼的举动了，更不用说这个接待室还禁止吸烟!

很多公司已经意识到外面的推销员也许能帮他们省下一笔钱，促成他们的订单，也就能给他们带来利润，所以他们很欢迎推销员，并为他们换上了舒适的椅子。有些公司还设置了允许吸烟、带空调的接待室，等着推销员前来造访。但大多数公司还是只有硬椅子，他们很享受让你在一个闷热的小屋里苦等 45 分钟。

他为什么要这样做

有两种客户会让你等待：

1. 有一种客户不在意时间。他倒不是真的刻薄，只是考虑不周，或是不在意你。他对时间没概念，更不要说约定了。他和你前面那家伙滔滔不绝，完全忘了你在外面正大汗淋漓地苦等。一个好的推销员可能会提醒他这是一个坏习惯，会让好运、朋友和金钱离他而去。但愿有人能提醒他。

2. 还有一种客户就是典型的采购商做派。他知道自己说了算，觉得自己了不起，推销员必须对自己卑躬屈膝。他知道有人在等他，他很享受这一点。他的态度就是："哦，那就让他等着吧！" 这么做可能是出于恶意。他不在意推销员的感受，而推销员却不能抱怨，否则他就会说："现在遍地都是推销这类产品的，我可以从别人那儿进货。"

除了上述的没有时间观念和出于傲慢，客户可能还由于其他原因让销售员苦等 45 分钟，但归根结底还是以上两种原因。下面就来介绍一下金牌销售员是如何应对这种情况的。

弗雷德·威廉姆斯是这么做的

弗雷德·威廉姆斯是维京卡车的推销员。客户跟他约好上午 10 点见面，却让他等到近 11 点，这让他有些恼火。他一开始耐心地等了 10 分钟，又等了 15 分钟，可是还没有等到客户。在这种情况下，如果客户不礼貌地派人传话说他有要事耽搁了，但马上就会出来见弗雷德，弗雷德就会托人带个话进去："请告诉史密斯先生我 10：30 还有事，马上就得走了。"

如果客户真的忘了时间，这一招儿就会奏效。但对于那些故意为之的客户，弗雷德就得强硬些，有时甚至不得不对秘书说："请告诉他，他的勤勉已经令我肃然起敬，现在我能见他了吧？"

这话似乎有些过火了，可别忘了那个客户的行为也很过分。他就像一只追逐着猫的狗，不等猫反击是不会罢休的。因此他通常会生气，出来看看是谁"胆子这么大"。这正中弗雷德下怀，他本已打算放弃，不想再对他低声下气，所以他觉得莫不如激怒他，至少能把他激出来让他来接待室看看。正如弗雷德所说："很多时候，不如让对方大发雷霆，然后就可以想办法解决了。”

正如医生常说的：“我没法治你的感冒。但如果你这样出去逛一圈得了肺炎，我倒是能帮你治好。”

再来看看鲍伯·赫茨的方法

鲍伯·赫茨擅长写销售类文章，他的“拿下订单的七大绝招儿”，就是关于冒险销售的一门课程。

我问过鲍伯，如果客户让他等很久，他会怎么办。他说如果他发现客户是无心之失，他不会说什么，只能顺其自然。如果等待时间过长，他会托人给客户带个话，说自己还有约，问：“我能现在见琼斯先生吗？还是另约个时间？”

但如果鲍伯发现自己碰上了典型的“让推销员坐冷板凳”、经常让推销员等45分钟的采购商，就不会被动等待了。他对此的解释是继续等待会让你成为“羊性的销售员”。你随大流，给“客户擦鞋，可客户压根不尊重你，只会得意扬扬地看着你低声下气的样子”，到最后，你将一无所得。

所以鲍伯想出了很多能刺激那些高高在上的客户的方

法，其中之一就是递一张纸进去，上面写着：

“如果您的销售人员和我一样，也被客户晾了45分钟，您会怎么办呢？”

鲍伯说，客户对此的反应一般分为两种：一种是“去死吧”，另一种是出来道歉。他说：“我用这方法的成功率还是挺高的。”

汤姆·布林是这么做的

在搬到墨西哥城从事销售工作之前，汤姆·布林是一位微型胶卷推销员，他曾经被一个客户晾了45分钟。和大多数人一样，汤姆心想如果没其他办法的话，那就继续等下去吧。实际上，如果客户没什么恶意的话，对于让推销员等这么久通常是挺过意不去的，推销员做起推销来也就更容易。

但汤姆也意识到，如果他碰上的是那种经常故意让推销员等待的客户，那么自己卑躬屈膝满足他的自大心理就只会伤害自己和公司。所以汤姆做出了一个明智的举动，他托人给客户带了个话：“您让我等这么久是因为害怕你们的销售人员卖不动我们的产品吗？”

这是有力的一击。但是别忘了，你不能超出他可承受的底线。正如汤姆所说：“我能有什么损失呢？我已经失败了。但如果用极端的方法，也许能打破那家伙舒适的心理状态，慑服于我的怒气，最后就下单了。”

这也是一种可能，这叫以眼还眼，以牙还牙。如果一个强硬的人碰到一个强硬的邻居，他可能会说“那人真有种”。

勇气可能是关键

所有人，即使是专门以打击推销员为乐的人，也会欣赏有勇气的人。他们欣赏的不是鲁莽的愤怒，而是执着的勇气。

你不喜欢被人颐指气使，一旦买方意识到你精致的手套下还藏着一对铁拳，他一定会因此而尊重你。

“不得不承认，他确实很勇敢。”一个人在习惯了对很多推销员趾高气扬之后，面对一两个站出来捍卫自己的尊严的推销员时通常会这么说。如果一只狗挨踢后只会哀叫着跑开，那你下次还是会忍不住踢它；但如果它转过身来咬你，下次你就会对它另眼相看。

如果有人不得已让你在公司前台的椅子上等了很久，那你也只能忍气吞声。但如果坐得太久，会让自己显得很软弱。

这家伙直接站起来走人

当明尼阿波利斯商业学校校长恩尔尼还是个推销员时，曾遇到过一个让人久等的瑞典人，他就用了个小技巧。他只等了 9 分钟，然后连招呼都不打，就拿起帽子走到明尼苏达州寒冷的室外。

有约在身的老板半个小时后才出来，发现恩尔尼不见了，就会问前台他去哪儿了，前台当然是一无所知。“这通常能激起对方的兴趣，”恩尔尼说，“他们一般会打电话到我办公室，问我怎么了。”

恩尔尼说，有时客户会以为我生病了，或者遇上了什么麻烦所以不得不离开。这时我就会告诉他我只是去见一个老客户。这种悄无声息的离开往往能引起注意，客户就会对恩尔尼印象尤其深刻，于是忘记其他一直在等待的推销员。

这种情况很棘手

当然，你很想做成这单生意，可以用从中获得的提成买房、买车、度假，这样你就乖乖等了 45 分钟。

但是请扪心自问，如此长时间的等待是否会让你显得软弱？你看上去是否焦躁不已？你是否让人觉得太看重这笔生意？你的表现像不像低三下四的奴仆？

如果是这样，你预想用来买车的提成可能就要泡汤了。

让自己表现得勇敢点吧。如果你知道客户是个无礼的家伙，那就不要掉进他的陷阱。如果他还很擅长这么做，甚至手里拿着鞭子走出来，那你就该狠狠地给他一拳。

主动出击，让他采取防御姿态。不要显得稚嫩或畏缩，也不要无礼，或是怒气冲冲。要表现得像个绅士，像个拳击场上的绅士。

一般而言，第一击最重要，尤其是对于那个让你苦等 45 分钟的家伙！

先发制人往往能赢得战争和拳击赛，还能让订单起死回生。

第四部分

进攻是最好的防御

第二十三章

提供客户所需

一位推销员用冒险销售的策略来推销裸女挂历，用上了“惠勒要诀”之四。

一般而言，客户、潜在客户和采购商无视你或者拒绝你，往往是因为你的产品让他们产生了抵触情绪，这使你不得不开始做冒险销售。比如你的产品质量不够好，或者你们公司的发货或售后做得不到位等，导致每次你的出现都会让客户不耐烦。

这可能是你们公司的错，但也可能是你展示产品的方式不当。比如你在南部推销甩干机，可是这里的太太们都喜欢把衣服晾干。如果你还是不停地去拜访这些客户，说服她们买甩干机，自然不会得到什么好脸色。在这种情况下，冒险销售是很愚蠢的。

这不是客户的问题，而是产品的问题。

每次拜访客户都要进行适当调整

如果一个编辑不对他要兜售给读者的新闻进行编排润色的话，这份报纸就会一团糟，自然不会有人愿意读。所以，编辑得权衡所有消息。该多刊登点国际新闻呢，还是按照读者的喜好多刊登些本地新闻？读者更喜欢什么类型的漫画？

广告商也吸取了经验教训，知道应该在什么板块向客户呈现什么内容，很少尝试冒险销售。如果你不小心或由于没有仔细研究市场，而在一个一年只下一次雪的城市投放了轮胎防滑链的广告，当然无人问津！

可能是你的方法出了问题

你可能自言自语过："那个人真烦。我也说不清为什么，但他就是让我很烦！"

这就是个性上的冲突。你可以简单研究一下自己——自己的行事风格，也许就能找到答案。就说握手吧，你是否用了采购商讨厌的那种樵夫式握手？还是死鱼式握手？

还是人人厌恶的挤压环式握手?

还有你的开场白讲得如何?你是不是不着边际、拐弯抹角,直到买方让你说重点?你是否一稿走天下(而没有预案),开场白长达 10 多分钟,而实际上你只有两分钟时间,让客户等得焦急不已?

如果你自身存在上述负面特征,那你一定会让客户恼怒或烦躁,那就完全不能进行冒险销售了。所以先好好审视一下自己吧。

可能你是无心之失

我们芝加哥销售台词研究室的爱德·库利南领到的任务,是去调查为什么一个优秀的推销员突然让客户感到烦心。爱德悄悄地用我们的"神探腕表"录下了推销员和客户的整个对话过程,然后便去拜访这位裸女挂历推销员。

这种挂历很出名,经常出现在车库中。但是今年突然卖不动了,这位推销员甚至没机会展示他们的新产品。

我们听了录音,很快就找到了他四处碰壁的原因。每个客户都会说:"我们不希望墙上出现特别暴露的画面,邻居会来抱怨的!"然后他们就把推销员赶出去。

我们想到了一个解决方法

我们建议这位推销员使用“惠勒要诀”之四，即“不问买不买，而要问买哪个”。之前他只是拿着一幅让人肾上腺素激增的最新款裸女挂历走进车库，现在我们让他一只手拿着裸女挂历，另一只手拿着风景画挂历，问客户：“这一季您想要哪种挂历呢？”客户会停下手头的活儿，仔细看推销员带来的挂历。如果他还是想要裸女挂历，那很好；如果他担心裸女挂历的影响不好，就会选择风景画挂历。

先问问自己

在你询问客户前，请先问问自己：你的产品、理念或销售过程是否太不可捉摸，客户本该下单的，却因为固执而退缩了？

既然如此，就试试冒险销售吧。

你是否想用一种温和、轻松的方式与客户交流，却在短期内没有任何进展？

既然如此，就试试冒险销售吧。

在自省的过程中，你是否发现销售的产品发生了变化，比如新产品存在的某些倾向性，可能会让客户感兴趣，但他还是很固执，需要你来纠正他？

那就试试冒险销售吧。

如果你的方法很温和常规，对他人也许奏效，但对某个戴有色眼镜看推销员的人则行不通了……

试试冒险销售吧！

第二十四章

撤离繁华的街区，看看会发生什么

郊区成了推销员的金矿，机敏的推销员和买家都会注意到时代潮流，不会坐视别人扩大业务区域。

何处能让他快速引起注意

几位资深的销售人士，包括阿奇·亨特，都曾向我指出美国推销行业中的新趋势——郊区销售业务成为新宠。

这对美国的推销员意味着什么呢？越来越多的公司开始搬到郊区。很多推销员抓住了这一趋势，用开车替代步行来跑业务，而其他推销员还在城里的大街上奔忙。结果呢？后者的业绩越来越差，原因在于城里大街上的买家办公室里通常挤满了推销员。而郊区的采购商意识到这一点后，会给推销员提供更多便利条件吸引他们前来进行产品推介，比如提供免费的可乐、香烟，并在宽敞的接待室里为他们准备舒适的椅子。

这只是个平庸的推销员

就这样，推销员开车到了郊区，颇受欢迎。买家满脸微笑，让他在宜人的环境中坐在舒服的椅子上，感谢他赶了这么远的路过来。而市中心的推销员还待在拥挤的接待室里和态度恶劣的买家周旋。与愿意出城拜访客户的推销员相比，他们更需要冒险销售的技巧。

许多办公室、仓库、商店、保险公司、工厂都已搬出城，郊区也有了更多的建筑和展厅，因此优秀的推销员肯定能在这些地方找到新商机。“但是有多少推销员会出城寻找商机呢？”阿奇问，“很少，推销员更愿意在城里的大街上转悠，拜访老客户，和熟悉的人打交道。”正如阿奇所说，一些野心勃勃的推销员“去开垦荒地”，带回来一沓订单，再也不用靠冒险销售去对付那些无聊难缠的老客户了。

所以你该到郊区去！

到直销行业方兴未艾的地方去

别拒绝附近的机会，但也要到郊区甚至农村去看看。去拜访新的采购商、商店、公司和工厂，呼吸着新鲜空气享受你的新机遇吧。你可能根本无须做冒险销售。

在郊区工作的人想了解新理念和新产品，所以他们想吸引推销员去，也就会更欢迎你。其他推销员还在市中心凑热闹，你为什么不去市中心以外的地方找找机会呢？可能正有一片宝藏等着你去发现！而且用不着冒险销售。

25个空座位

去郊区吧。

你可能会发现郊区的接待室有25个空座位，一个推销员也没有；而市中心的接待室却可能只有5个座位（硬板凳）和25个推销员，这些推销员可能不得不听天由命。而郊区的客户则可能视你为上宾，主动把生意送上，所以你不妨权衡一下。

郊区的生意需要你花费一点汽油和精力，但这是值得的。每次的成交额可能不大，但你却能顺利地拜访更多客户。

其他推销员还在市中心苦等一上午，只为见客户一面。你却可以在郊区轻轻松松地拜访 5 个客户，让成交额翻倍。

去更远的地方，拿下更多的订单吧！

第二十五章

冒险销售无形商品

多年来，推销员一直在吓唬潜在客户。现在他们甚至会激怒潜在客户，好让他们意识到产品的价值。

我们以一个刚买了价值 6000 美元的汽车的人为例。他打电话给保险推销员，问：“吉姆，我正在挑车险，你听说过车险的折扣吗？我朋友说他的保费只有我的一半，而涵盖范围却和我的一样，你能给到这个价格吗？”

接着，车主给保险推销员报了一两个从别处打听到的折扣价。现在，保险推销员可以采用常规的销售方法，比如：

“杰克，我们是多年的朋友。”“可是吉姆，如果我要为友谊付额外费用的话，友谊就结束了。”

“但您这几年都在我们这儿投保的。”“没错，但是我不想每年多付 20 美元。”

“您怎么知道他们真的会理赔呢？”“他们已经给比尔的车理赔过两次了。”

他做了一次冒险销售

保险推销员知道利用友情、长久的客户关系和客户对于公司不理赔的恐惧都已无效，因为这个客户不好对付，只想省钱。

所以保险推销员狠狠地回击了客户。“您买了辆这么高端的车，为什么要配一份廉价的保险呢？”或者：“为什么要买便宜的保险，然后终日担心呢？您只有买最好的保险，才能睡得踏实！”

这就是打击对方自尊，但却是让客户上钩的必要手段。

想想吧，他已经花了6000美元买车，居然想在保险上省区区20美元！

就像出租车司机

你刚在酒吧里消费了20美元—50美元，但是只要出租车的计价器超了1美元，你就开始抱怨了。

大多数司机都已经意识到跳表的声音很烦人，事实上，新款的出租车已经进行了消音处理。但是当你不满时，司机该怎么做呢？他可以道歉，或是沉默，或是像我认识的那位司机一样，笑着说："真见鬼，那酒吧服务员骗了你10美元，你一点也不心疼，我才多收了你10美分，你就嚷嚷起来了！"

大部分乘客听了这话后都会觉得有道理，然后一笑了之。他们在酒吧花了那么多钱，却因为司机开过了一条街而发起牢骚来。就像一场会议花了4万美元才召集到大量与会者，却只用100美元的廉价音箱。

美国西北航空公司推销其安全性

他们展示飞机发动机上的火花塞，配了这么一句话："只用了30个小时！"

美国西北航空公司以前用过火花塞就扔，直到一位机智的推销员把它们要过去送给客户。他这种做法体现了美国西北航空公司对飞行安全的重视，一只火花塞不会使用超过30个小时。而在客户看来，这只锃亮的火花塞看上去就像新的一样。

威廉·霍华德·塔夫脱使用冒险销售

这位肥胖的美国前总统曾买了一张上铺票，他知道最好还是别小题大做。他知道要是直接和下铺的人换票恐怕不会有什么结果，所以决定采用冒险销售的策略。他对下铺的人说："我上次睡上铺的时候，床塌了，但愿今晚别再发生同样的事了。"

说完塔夫脱就去了洗手间，等他回来时，原来下铺的人已经舒舒服服地在上铺打起了呼噜。塔夫脱就是靠这样的冒险销售才在几年后赢得了总统大选。

每个人都利用挑衅

无计可施的推销员说："我不相信您这把年纪的人能符合我们对体力的要求！"还有空调推销员，卖的不是无形的商品，而是利用客户出汗的事实："你要是想一夏天都汗流浃背，我没意见！"然后就转身离开。

每个人都能利用挑衅。

如果你讽刺的是个老古董，就得赌一赌了:“您看上去不像街那头的布朗那样愿意投广告。那您下 1 单就好，别像布朗那样下 6 单了！”

客户受到了挑衅。他可能同意你的说法，因为你没给他施加太大压力，所以对你比较有好感。那你这一赌就算输了。他也可能感觉自尊心受伤，说:“我想如果我们加把劲的话，也能多卖一些，我也下 6 单！”

人们就是喜欢证明你错了！

第二十六章

人人都喜欢证明你错了

从不愿意吃土豆的小女孩，到街那头的商家，他们都会接受你的挑衅。

你对女儿说：“我打赌你肯定吃不下那些土豆！”她就会吃掉，只为证明你错了。你对妻子说：“我打赌你又会迟到！”她就会证明你错了。你对客户说你觉得他买不起某样东西，他就会证明你大错特错。因此，你可以利用人性的这一特点，刺激他们证明你错了。

广告商是这么做的

广告文案会给你看皲裂的双手，但你说你的手并不这样。于是他又给你看衬裙滑落、内衣缩水的照片。

这就是“我的朋友们都坐下来玩了，只有我一个人受窘”，只不过是反过来说的。就像照片中有一个开着撞得不成形的车的男人在说：“早知如此，当初就该听保险推销员的话。”

必要时，你可以使用这一策略，但这属于冒险销售，所以要谨慎使用。如果情况允许，你就可以做冒险销售，赚上一笔！

医生、律师乃至殡仪馆工作人员

在必要时，他们都会做冒险销售。

医生一开始只是试图说服病人，后来就变成了警告：“事关你的生死，如果你不同意做手术……”

律师要想让你立一份遗嘱，往往会夸大其词：“如果你希望死后家人在法庭上为了你的遗产吵成一团，我何必干涉你呢！到时候死的人是你！惹麻烦的也是你的钱！”

殡仪馆的工作人员在适当的时候也可以对小气的家属说：“他在世的时候一定悉心照料过你们，现在你们至少该给他买一口好棺材吧，不至于在一两年后就塌了。”

这是强制销售吗？不错，击中要害、简单粗暴！可有时候这就像蓖麻油一样，是搞定优柔寡断的客户的必杀技。

激怒对方

这一类的挑衅会激怒对方，让对方证明推销员错了。推销员知道有的客户一旦走开，双方就再也不会碰面了。此方法对这类客户最有效，推销员可以冒险去冒犯他们。

从孩提时代起，我们就见过这种激怒他人的方式。我们遇到过这样的挑衅：让我们去钻一个很深的洞或游过一条危险的河。长大后，我们依然会遇到这样的挑衅，不过通常是在商业行为中。

销售经理经常这样刺激他的下属：“我不指望你们能完成销售指标，但能不能给我一点希望呢？”

海军陆战队也这样刺激他们的新兵：“你凭什么认为自己能成为合格的海军陆战队员？”

利用这种本能

利用这种别人想证明你错了的本能，有些人甚至喜欢幸灾乐祸地看着你犯错！

不知为何，我们就是喜欢看大人物崩溃，可一旦他们成功了、证明我们对他们判断失误，就会让人很烦恼。这就是人性。

通过激怒别人，尤其是激怒那些你可能再也不会和他们做生意的强硬买家，你会受益良多。

第二十七章

最后，我赌你不敢

所以你接受了这个挑衅，读完了这本书！

我之前说过，这本书不是写给业余销售人员看的，业余人士也不该来读。你是个纯粹的新手吗？好吧，读过之后你会有很大长进的。读罢此书，你就知道经验丰富的职业推销员可以用冒险销售的方式提升业绩，从而赚更多钱。

投机是初学者不该做的。除非你还有其他客户可以依赖，否则不该对任何一个客户投机：如果你失败了，其他大量潜在客户还可以支持你继续走下去。

冒险销售就像投机

证券公司的领导会先让你买保险并在银行存款，这样你才能有保底资金。然后可以买些蓝筹股，有了这些资产保底，你才能去投机。

我认为冒险销售也是一样。首先你要有保底的客户数量，就像保险一样，保证你即使在冒险销售失败后也能继续维持。然后整理出一份难缠客户的名单，开始策划对他们进行冒险销售。他们不是蓝筹股，而是波动巨大的小盘股。他们可能会冲你大发雷霆，也有可能在其他人都失败之后，你能从他们身上大赚一笔。所以对这种客户是值得做一次投机的。

“我赌你不敢”是一种传统方法

“我赌你不敢！我赌你不敢！”男孩一边冲着女孩做鬼脸一边喊。如果这女孩天不怕地不怕，就会接受挑战。男孩还是赢了，因为只有这么做才能让女孩回应。

父亲对儿子说：“我赌你不会读那本书！”母亲对小女

儿说:“我赌你不会去睡午觉，你就是睡不着！”肉贩对顾客说:“我赌你不敢试试这个味道！”我们都会接受挑战，包括推销员那种含蓄的挑战:“我不确定你买得起我们这么贵的产品。”

打赌，打赌，打赌。

“我觉得你做不到”

老师会这样挑衅学生:“我觉得你做不到。”为了证明老师错了，学生会接受挑战做成这件事。老师笑了，很高兴学生能向他炫耀。

“所以你觉得我很难相处，是吗？你觉得我是个难缠的人，是吗？听好了，把订单留下，告诉那些家伙他们想错了！”当客户这样反击时，推销员会很高兴被证明自己错了。

我赌你不敢，我赌你不敢，我赌你不敢。

进攻是最好的防御

有句老话说得好，进攻是最好的防御。这对你自己、你的公司和产品都适用，因为进攻能让你的潜在客户和客户放松警惕。当然，对推销员也是一样。潜在客户以为你也是一个乞求式推销员，带着新的报价来向他俯首称臣。但这次不同，推销员打算用冒险销售让潜在客户采取防御模式：

“听说您很难相处。”推销员猛然一击，打了客户一个措手不及，把他从高高在上的王座上拉下来。

“听说您不会用大理石的价格买金块，”推销员看着潜在客户气得冒烟，继续说，“但您在我的推销名单上，我必须回公司报告我曾拜访过您，所以我就来了。您可以赶我出去，而且越快越好，我还得赶去拜访这条街上的其他客户呢！”

这就是出言不逊

推销员已经蓄势待发了。正如我们海军所说，他可能已经武装到牙齿，但他并没有像个胆小鬼那样跑开，或是像乞丐一样地做推销。他在潜在客户还没来得及对付他时，就开始向客户发起攻击。

一般而言，当斗牛士向公牛冲过去时，公牛也会后退，露出犄角。销售过程中也会发生这种情况。如果冒犯的语言运用得当，客户也会后退，开始做出防御姿态，并寻找更好的位置。你把他从高高在上的位置拉下来，他自然能以平等的态度和你谈。

女孩喊道："你不敢！"

女孩有意拒绝男孩，男孩受到了挑衅，于是俯身亲了女孩一下！

"我赌你不敢娶我，你真是个懦夫，吉姆！"这句话可能让很多人接受挑战，娶了姑娘。

女主角叫道："你一定不敢亲我，查理！"我们的男主角一向接受女孩的任何挑衅，当然照做了。女孩虽然嘴上说不想，但心里愿意。

在婚礼上，如果牧师不问是否有人能提出理由反对这桩婚姻，我想后排的人一定会保持沉默的！

我赌你不敢，我赌你不敢，我赌你不敢。